弁護士だからわかる! できる!

あんしん相続

手続きの
「めんどくさい」「わからない」「ストレス」
が消える!

古山綜合法律事務所
代表弁護士

古山隼也

はじめに

相続には予想外のトラブルがつきものです

相続は誰にでも起こり得ます。

なぜなら、生涯で一度も身内が亡くならないという人は、まず、いないからです。

人が亡くなれば必ず相続が発生します。


そして、相続には予想外のトラブルがつきものです。

遺産分割協議書にハンコを押してくれない親族、存在を知らなかった異父（異母）きょうだい、隠し財産や使途不明金、保証人や借金問題……自分にまったく非がなくても、そんなトラブルに巻き込まれてしまうのが、相続なのです。


中には、運よく特に大きなトラブルのない相続もあります。

しかしそれでも、**迫りくる期限までに、複雑な法律やルールを理解し、多くの書類作成や手続きをしていくのは、不慣れな方には非常に難易度が高い**でしょう。


「相続は専門家に任せたい」、そんな人が増えているのもうなずけます。

この本は、そんなあなたの力になるために書きました。

はじめまして。弁護士の古山隼也《こやましゅんや》と申します。

大阪の枚方市《ひらかたし》で、相続など民事をメインに扱う法律事務所を開いています。

弁護士にはさまざまな活動の場がありますが、私が主に取り組んでいるのは、相続など個人がしなければならない手続きや交渉といった案件です。

刑事事件や企業法務などに比べると、一見地味……社会に影響を与えないかもしれませんが、依頼者にとっては人生の一大事です。

法律やルールに関する知識がないばかりに、放っておいたら、騙されたり、判断ミスで大きく損をして人生の歯車が狂ってしまう……誰にでもそんな落とし穴が待ち構えていることがあります。

私が弁護士になったのは、そんな方たちの助けになりたいと考えたからでした。

市役所職員から弁護士に

私はもともと「弁護士になる」という夢を抱いて大学の法学部に入学したのですが、卒業後、まっすぐに弁護士になったわけではありません。

最初の就職先は大阪市役所で、介護保険係に配属されました。

介護保険係の窓口には、さまざまな問題を抱えた方からの相談が連日ありました。

当時の私は、公務員という立場上、相手がどんなに困っていても、制度の案内くらいしかできませんでした。

相談にいらっしゃる方、ひとりひとりに寄り添って問題を解決する力になりたい……そう考えた私は、大学に進んだころの夢を思い出しました。

弁護士になれば、目の前で困っている人の力になれる。

私は、役所を退職して司法試験に臨み、そして今、弁護士として相談者や依頼者のお役に立てるよう活動しています。

私が相続の相談を引き受ける理由

私の事務所に持ち込まれるさまざまな相談の中でも、このところ、目立って増加しているのが相続に関する問題です。

テレビCMや街中の看板・のぼりなどでも、税理士や司法書士などの士業はもちろん、銀行・信託銀行や不動産業者までもが「相続の相談」を掲げています。

相続に高い関心が集まっていることの表れでしょう。

相続は、遺産分割や使途不明金など、お金のもめ事が発生しやすいうえに、心情的な原因でもこじれやすいという面があります。

相続人の多くは親子やきょうだい、いとこ同士など「身内」ですから、人によっては幼いころからこれまでの人生で、さまざまな感情があったことでしょう。

長年にわたって蓄積した「心情」が、相続を機に爆発してしまうことも少なくありません。

平均寿命が延びて、相続される人（亡くなった人＝被相続人《ひそうぞくにん》）はもちろんですが、相続する人（相続人）も、だんだん高齢化しています。

もし手続きで、ミスしたり期限を守れなかったりすれば、ペナルティを受けてしまうリスクもあります。そして、相続に関する手続きは煩雑で、ルールがわかりにくくなっています。

「ややこしい手続きは自分ではできない」と困っている人や、「他の相続人との関係がこじれていて遺産分割の話し合いができない」と途方に暮れている人が、弁護士である私の事務所を頼っていらっしゃるのです。

なぜ、相続を弁護士に頼る人が増えているのでしょうか。

世の中には「相続の専門家」を名乗る方がたくさんいらっしゃいますが、**実は依頼者の代理人になって、さまざまな手続きを代行できるのは弁護士だけ**です。

依頼者のために交渉できることの他にも、相続に関するすべての手続きができるという利便性や、依頼者と他の人との間に立って調整役になれることも、弁護士ならではのメリットといえます。

相続で悩む人、苦しむ人をひとりでも減らすために、私は相続の依頼を積極的に受けています。

「弁護士に依頼＝宣戦布告」ではありません

相続にあたって誰に相談すればいいのかわからない、という方も多いでしょう。

そもそも「弁護士に相続の手続きを依頼できる」という事実があまり知られていないかもしれません。

どの専門家に何ができるかについては第5章で解説していますが、少しでも不安があったり、手続きの面倒、ストレスから解放されたいという場合は、できることが一番多く、依頼者の代理人にもなれる弁護士に依頼するのが最適解だと私は考えています。

中には「弁護士に依頼した？　じゃあもうお前とは敵同士だな！」と、弁護士への依頼を「宣戦布告」ととらえる人もいます。

しかし、一般的によく想像されるような「弁護士に依頼する＝相手と徹底的に争う」の図式どおりとは限りません。

弁護士への依頼がすべて相手への宣戦布告、ではないのです。

弁護士は依頼者の代理人ですので、依頼者に味方をして、依頼者の利益を守るために活動します。

依頼者が「自分の遺産の取り分を増やしたい」と考えるのであれば、他の相続人と利害が対立する可能性はあります。

依頼者の利益を最大化するために、場合によっては争うこともあるでしょう。

しかし、何が「利益」なのかは、依頼者によって異なります。

「他の相続人に遺産隠しを疑われたり、争ったりせず、公平に分けたい」というのが依頼者の望み（＝「利益」）であることも珍しくないのです。

こういったケースでは、依頼者と他の相続人との利害は対立しません。弁護士は、公平で円満な合意がなされることを目指して協議を進めることになります。

こういった場合、弁護士は平和をもたらす調停者になり得るのです。

また、弁護士に関する知識のある方は、こんな疑問を抱くかもしれません。

「双方代理の禁止があるから、弁護士は2人以上の相続人から依頼を受けることができないんじゃないの？」（双方代理の禁止とは、利益が相反《そうはん》する当事者がいる場合、弁護士は両方の代理人にはなれない、と法律や弁護士倫理で定められているルールです）

そうですね。利益が相反している場合は、双方代理の禁止に抵触します。

しかし、両方の当事者の利益が相反していない場合は当てはまりません。**弁護士は複数の依頼者から同時に依頼を受けることができます。**

また、利益相反が起こりそうな状況であっても、相続人同士が「協力し合いましょう」と同じ目的に向かって合意している場合も同様です。

例えば、相続人が2つのグループに分かれて争っている場合は、一方のグループから依頼を受けることができます。

また、**相続人全員が合意していれば、弁護士は全員からの依頼を受けることができる**のです。

そもそも、弁護士が関わるのは、もめたから相手に勝つために依頼する、という場面に限りません。

実際、弁護士が相続人全員から依頼を受け、遺産を整理・分配するサービスも存在しています。

私が関わった中にも、ていねいな説明や他の相続人から納得感を得られる遺産分割案を提示して、もめずにみんな笑顔で解決できた事例が複数あります。

ぜひ、弁護士への依頼＝宣戦布告、という思い込みは外してください。

弁護士は、依頼者の味方です。

そして依頼者が希望すれば、相続する人全員の味方にもなれるのです。

目指すのは「あんしん相続」

世の中にはすでにたくさんの相続の本があります。

ほとんどの出版物はおおむね正しいのですが、弁護士の私から見ると、「あれ？」と思うような内容が書かれている本や、「これは知っておいてほしいんだけどなあ」という情報が含まれていない本も見受けられます。

この本では相続の基本とともに「弁護士だからこそ教えたい相続の知識」を、できるだけやさしい言葉で解説しています。

相続放棄、遺産分割、生前整理など相続にまつわるルールを解説するために、どうしても法律に触れないわけにはいきませんが、難しい条文をそのまま引用するのではなく、「なぜそうなっているのか」、そして「どうしたらいいのか」をわかりやすく書いたつもりです（もっと理解を深めたい方のために、民法の該当する条番号も記載しています。参考になさってください）。

多くの方は相続に対して「なんだかめんどくさいし難しい」という印象をお持ちだと思います。

この本を読んでいただくことで、難しいと思っていた相続の全体像や、気をつけるべきポイントが見えてくる、そして、相続の「めんどくさい」「わからない」「ストレス」がスーッと消えて安心できる……そんな本を目指しました。

どの専門家に頼めばいいか悩んでいる方にはもちろん、自分の力で相続手続を進めたい方にも、役立つ一冊になったと自負しています。

本書が、あなたの「あんしん相続」のお役に立てば幸いです。

はじめに　相続には予想外のトラブルがつきものです　2
「専門家への相談必要度」かんたん確認表　18

第1章

相続、素人にはハードルが高すぎる

1 …… 相続にはいろんな「期限」がある　22
2 …… 相続の制度や専門用語がややこしい　30
3 …… 「戸籍謄本」の取り寄せが面倒　36
4 …… 預貯金の手続きが面倒　40
5 …… 被相続人が認知症だとトラブルになりやすい　43
6 …… 高い再婚率が相続をややこしくさせる　46
7 …… 高齢者のひとり暮らしが手続きの負担を増やしている　48

第2章

遺産相続のトラブル集

1……姉が親の財産を開示してくれない！　58
2……知らないきょうだいがいた！　61
3……現金手渡しはトラブルのもと　64
4……「とりあえずハンコ押して」に要注意　68
5……ある日いきなり相続放棄を求められた！　72
6……勝手に豪華な葬式をして「費用は遺産から」って、都合よすぎない？　75
7……引きこもりの甥。死んだあとも世話をするの!?　78
8……遺産が少なくてももめるときはもめる　50
9……上の世代の不手際が下の世代へのツケに　52
10……どの専門家に相談すればよいかわかりにくい　54
コラム「相続　ここにも気をつけて」①　56

第3章

これだけは知っておきたい「相続」きほんのき

1 ……「遺言書」は亡くなった方の意思表示 82
2 …… 誰が「法定相続人」なのかは民法で決まっている 85
3 …… 借金や連帯保証も「遺産」のうち 90
4 ……「相続放棄」で相続人を辞める 94
5 …… 遺産に戻して計算する「特別受益」 99
6 ……「寄与分」は特別な貢献が必要 104
7 ……「遺産の分け方」は4パターン、3ステップ 108
8 ……「遺留分」とは相続人の最低保障額 112
9 …… 使い込んだお金は「使途不明金」となる 114
10 …… 被相続人の所得について必要な場合は「準確定申告」を行う 117
11 …… 遺産が基礎控除額を超えたら「相続税申告」を行う 120
12 …… 不動産を相続したら「相続登記」を行う 127
コラム「相続 ここにも気をつけて」② 130

第4章

あとでもめない、あとで困らない、遺産分割の進め方

1 遺言書の有無と内容を調べる 132
2 相続人を調査する 137
3 遺産を調査する 143
4 遺産を評価する 150
5 遺産を換価（売却）する 156
6 遺産を分割する 158
7 遺産分割協議がまとまらないときは「調停」「審判」 162
8 登記・名義変更・解約などの各種手続き、相続税申告を行う 167

第5章

相続に関わる専門家の違い

1 さまざまな相続の専門家 172
2 弁護士は相続の総合相談窓口です 182

3 銀行や信託銀行の「遺言信託」。その費用を知っていますか？ 186
4 無資格者による法律相談に注意しましょう 190
5 専門家への相談・依頼が必要ない場合もある？ 192
コラム「相続 ここにも気をつけて」③ 194

第6章 弁護士の関与でトクになる相続

1 負担が軽くなり、面倒やストレスを軽減できる 196
2 裁判所に行かなくてよくなる 199
3 遺産の調査や分配が漏れなく適切にできる 201
4 動産も不動産も適切に評価・売却してもらえる 204
5 遺言書の作成も弁護士なら安全・簡単 208
6 「弁護士からのアドバイス」が相続問題解決に活用できる 210
7 権利や制度を使って取り分を増やせることも 212
8 よい弁護士選び7つのチェックポイント 218
9 弁護士費用の相場 224

第7章

気をつけたい「相続の落とし穴」

1 価値のない田舎の土地を受け取らずに済ませたい 228
2 親権者でも子に代わって遺産分割できない!? 231
3 親から財産管理を任された！　トラブルにならない方法は？ 233
4 生命保険金も遺産になる場合がある？ 236
コラム「相続　ここにも気をつけて」④ 238

第8章

弁護士が教える「生前整理と相続準備」

1 財産整理と財産開示が相続人の負担を軽減する 240
2 配偶者が亡くなるまでの建物（居住建物）を確保する 243
3 納税などの資金を確保する 248

4 遺言書を作成する 251
5 エンディングノートと遺言 262

第9章

そこが知りたい! 相続Q&A

Q1 最近、相続法が改正されたと聞きましたが、何がどう変わったんですか? 266
Q2 不動産を受け継ぎたくなくて相続放棄したのですが、「空き家の管理が必要だ」と言われました。本当ですか? 268
Q3 母親が亡くなり実家が空き家に。遺産分割協議中に固定資産税の請求がきてしまいました。誰が払うのかでもめています……。 271
Q4 先祖代々のお墓や仏壇なども、遺産として分割しなければなりませんか? 272
Q5 遺言書に「長女にすべてを相続させる。次女には一切財産を相続させない」と書いたらダメですか? 274

Q6 最近よく聞く「家族信託」とは、どういうことですか？ 276
Q7 兄は身体の弱った親を虐待し、姉は遺言書を捨ててしまいました。こんな人間でも遺産がもらえるのですか？ 278
Q8 姉から「相続分を放棄して」と言われました。これは相続放棄のことですか？ 282
Q9 遺産分割協議がまだ終わらないのに相続税の申告期限が近づいてしまいました。どうしたらいいでしょうか？ 284
おわりに　時間が経つほど事態は悪化！　専門家への相談はお早めに！ 286
【資料】　遺産分割タイムスケジュール 290
相続人チェックシート 291
遺産調査チェックシート 294

※本書の内容は2024年6月末時点の法令にもとづいています。
※本文に記載の法令のうち、法令名のない、条番号のみの法令は「民法」です。

「専門家への相談必要度」かんたん確認表

詳しくは第5章で解説していますが、相続専門家への相談・依頼について必要度を簡単に確認できる一覧表をご用意しました。あなたの相続の状況を、一度こちらで整理・確認してみましょう。

自 ……ご自分で相続手続きを進めることができます
弁 ……弁護士への相談・依頼が可能です
他 ……税理士・司法書士・行政書士（またはいずれか）への相談・依頼が可能です

あなたの相続について	相談先・依頼先

【被相続人（亡くなった方）について】（P.36）

出生から死亡までの戸籍謄本全部を取得できる	自
出生から死亡までの戸籍謄本全部を取得できない	弁 他

※注：戸籍謄本の取得は依頼を受けている業務を遂行するために限られますので、戸籍謄本の取得だけを目的とした依頼はできません。

【遺言書について】

■ **調査（P.132）**

遺言書はないとわかっていて、探す必要もない	自
遺言書があるかもしれないが、探し方はわかる	自
遺言書があるかもしれないが、探し方がわからない	弁 他

■ **検認手続（P.135）**

遺言書は公正証書遺言である	自
遺言書は自筆証書遺言で法務局に保管されていた	自
遺言書は法務局に保管されていない自筆証書遺言で、検認手続はできる	自
遺言書は法務局に保管されていない自筆証書遺言で、検認手続はできない	弁 他

※注：司法書士は遺言書の検認申立書などの書面を作成できますが、代理人として手続きできません（検認期日に同席できません）。

■ **有効性（P.82）**

遺言書はあるが、無効と思っている相続人がいる	弁

■ **遺留分（P.112）**

遺言書はあるが、相続人の遺留分を侵害している	弁 他

※注：司法書士は、認定司法書士で、遺留分請求額が 140 万円以下の場合に限られます。

■ 遺産分割（P.158）

遺言書はあるが、遺言とは異なる内容で遺産を分けたい。分け方は決まっている。遺産分割協議書を作成できる	自
遺言書はあるが、遺言とは異なる内容で遺産を分けたい。分け方は決まっている。遺産分割協議書を作成できない	弁 他

※注：税理士は税申告が必要な場合に、司法書士は遺産の中に不動産がある場合に、それぞれ限られます。

遺言書はあるが、遺言とは異なる内容で遺産を分けたい。分け方に悩んでいる	弁

■ 遺言書作成（P.251）

これから遺言書を作成したい。内容は決まっている。作成方法を知っている	自
これから遺言書を作成したい。内容は決まっている。作成方法を知らない	弁 他
これから遺言書を作成したい。内容に悩んでいる	弁

【相続人について】

■ 範囲（P.137）

相続人は自分ひとりだけである	自
相続人の範囲はわかっている	自
相続人の範囲がわからない	弁 他
相続人の戸籍謄本を全員分揃えられる	自
相続人の戸籍謄本を全員分揃えられない	弁 他
法定相続情報一覧図を作成できる	自
法定相続情報一覧図を作成できない	弁 他

■ 他の相続人との関係（P.137）

他の相続人全員と関係が良好で連絡が取れる	自
行方不明など連絡の取れない人がいる、認知症などで判断能力のない人がいる	弁 他

※注：司法書士は失踪宣告申立書などの書面を作成できますが、代理人として手続きできません（あくまでご本人自身による申立てとなります）。

仲が悪いなど連絡を取りたくない人、異父きょうだい・異母きょうだいなど連絡を取りづらい人がいる	弁

【遺産について】

■ 調査（P.143）

遺産の内容がわかっている	自
遺産の調査方法を知っている	自
遺産の調査方法がわからない	弁 他

■ 評価（P.150）

遺産の評価額は相続人の間で意見が一致している	自
不動産の評価額が相続人の間で意見が分かれている、評価額がわからない	弁
評価の難しい財産がある	弁
遺産が基礎控除額を超えていない	自
遺産が基礎控除額を超えている	弁 他

※注：弁護士は税申告を取り扱っていないことも多いです。

【相続放棄について】（P.94）

相続放棄の手続きができる	自
相続放棄の手続きができない	弁 他

※注：司法書士は相続放棄申述書などの書面を作成できますが、代理人として手続きできません（あくまでご本人自身による申立てとなります）。

【遺産分割について】（P.158）

遺産分割の必要はない（相続人がひとりだけ、遺言書がある、など）	自
遺産の分け方は相続人全員で意見が一致している、遺産分割協議書を作成できる	自
遺産の分け方は相続人全員で意見が一致している、遺産分割協議書を作成できない	弁 他

※注：税理士は税申告が必要な場合に、司法書士は遺産の中に不動産がある場合に、それぞれ限られます。

遺産の分け方について相続人の間で意見が分かれている	弁
収益物件の賃料や被相続人の経費などを精算する必要がある	弁
生前贈与などを受けた相続人がいる	弁
被相続人の世話などをした相続人・親族がいる	弁
遺産に不動産があるが、自分で相続登記ができる	自
遺産に不動産があり、自分で相続登記できない	弁 他

※注：弁護士は登記手続を取り扱っていないことも多いです。

【使途不明金について】（P.114）

被相続人が自身で財産管理をしていた	自
一部の相続人による被相続人の財産管理に問題がないとの意見で一致している	自
一部の相続人による被相続人の財産管理に問題があるとの意見が出されている	弁

【相続手続き全般について】

フットワークの軽い相続人がいる、自分で動くことができる	自
高齢・多忙・体調不良・遠方在住などにより誰も動けないので、相続の手続き全般を代わりにしてほしい	弁

第1章

相続、素人にはハードルが高すぎる

一生のうち、相続を経験するのは多くて数回ではないでしょうか。
ほとんどの人が相続の手続きをよく知らず、
何をすればいいのかわからない、いわば相続の素人です。
それなのに、制度や法律は複雑で、手続きの期間も限られています。
本書では最初に、相続の何がどう難しいのかを解説します。

高い
ハードル

1 相続にはいろんな「期限」がある

大切な人を亡くしたとき、遺族は悲しみに暮れながらも、さまざまな手続きを行わなければなりません。

葬儀や埋葬などについては、依頼した葬儀会社さんが教えてくれるでしょう。

しかし、相続についての手続きは、他の死後の各種届出のようにはわかりやすくまとまっていません。しかも、相続の手続きには「期限」があります。

知らずに先延ばしにしておくと……減税措置が受けられない、受け取れるはずのお金が受け取れない、債務（借金）を背負い込む、多額の加算税が発生する、罰金が科される、払いすぎた税金を取り戻せないなど、思いもよらない不利益を被ることがあります。

期限に少しでも遅れると、取り返しのつかないことになってしまうおそれがあるのです。

相続手続きタイムテーブル

相続が発生してからの主な手続きを表にまとめました（25ページ）。特に注意していただきたい相続に関する手続きが、表中の①〜⑥です。すべて第3章でも詳しく解説します。

①相続放棄《そうぞくほうき》や限定承認の申述《しんじゅつ》

遺産相続には、単純承認、相続放棄、限定承認の3つがあります。

・**単純承認（遺産を相続する。920条）**
・**相続放棄（遺産を相続しない。939条）**
・**限定承認（相続したプラスの財産の範囲内で、借金などマイナスの財産を受け継ぐ。922条）**

相続財産はプラスのものばかりではありません。ローンや借金などマイナスの財産も引き継ぐのが相続です。

マイナスの財産があるなどの理由で**相続放棄や限定承認をしたい場合は、相続の開始を知った日から3か月以内（「熟慮期間」といいます）に判断して、家庭裁判所に書類を提出する必要があります**（915条1項、924条、938条）。

3か月が経過してしまうと、自動的に遺産を相続したことになり、借金ごと引き継がされてしま

うのです（921条2号。ただし、前もって熟慮期間が伸長されていた場合を除きます）。

②準確定申告

準確定申告とは、**被相続人（亡くなった方）の確定申告**です。確定申告する必要のある人が、確定申告する前に亡くなった場合に、相続人が準確定申告をすることになります。

準確定申告が必要なケースは、次のとおりです。

- **年金収入が年400万円以上**
- **事業所得または不動産所得がある**
- **給与収入が年2000万円以上**
- **複数の勤務先から給与を受け取っていた（勤務先が1つの場合、年末調整してもらえれば不要になる）**
- **給与所得と退職所得以外の所得が年20万円以上**

準確定申告の期限は**相続開始を知った日の翌日から4か月以内**です。

もし期限までに申告しなかった場合、延滞税（2・4～8・7％）、無申告加算税（原則5～30％）とペナルティが発生してしまいます（医療費控除や社会保険料控除などの計算をすると、税額はそれほど多くなかったり、逆に還付金があるというケースもあります）。

死亡後の主な手続きと期限一覧

死亡後	すべきこと
すぐ	死亡診断書（または死体検案書）の入手 通夜・葬儀の手配
なるべく早く	金融機関への届出 公共料金（電気・ガス・水道など）の解約・名義変更
5日以内	健康保険・厚生年金保険被保険者資格喪失届の提出（故人が会社員などで社会保険に加入していた場合）
7日以内	死亡届・火葬許可申請書の提出 葬儀（通夜・告別式・初七日法要など）を執り行う
10日以内	年金の受給権者死亡届の提出（国民年金は14日以内）
14日以内	住民票異動届（世帯主変更）の提出 国民健康保険異動届の提出（故人が国民健康保険に加入していた場合、遺族が故人の健康保険の扶養に入っていて国民健康保険に切り替える場合） 介護保険資格喪失届の提出（故人が介護保険の被保険者だった場合）
3か月以内	四十九日法要・納骨・遺品の片付け・形見分け **相続放棄や限定承認の申述**①（遺言・相続人・遺産の調査・評価）
4か月以内	**準確定申告**②
6か月以内	**特別寄与料の請求**③
10 か月以内	**相続税申告**④（遺産分割）
1年以内	**遺留分侵害額請求**⑤
2年以内	葬祭費（埋葬料）の請求 国民年金死亡一時金の請求（寡婦年金を請求する場合は5年以内） 高額療養費の払戻し請求（故人の支払い分に関して） 高額介護サービス費の払戻し請求（故人の支払い分に関して）
3年以内	**相続登記**⑥ 生命保険金の請求
5年以内	未支給年金の請求 遺族年金の請求
5年10か月以内	相続税の修正申告 相続税の更正の請求

③特別《とくべつ》寄《き》与《よ》料《りょう》の請求

特別寄与料は、約40年ぶりとなる２０１８年の相続法改正により新設されたもので、**相続人以外の親族で、介護などの無償労働をしていた人（特別寄与者）が、相続人に金銭を請求できる**、という制度です（１０５０条）。

例えば「義理の父（被相続人）の介護をしていた長男の妻」は、相続人ではありませんが特別寄与者に当てはまり、特別寄与料を請求できる可能性があります。

実際に貢献した人が報われる制度ですが、**原則6か月以内という期限があります**。６か月を過ぎると請求できなくなってしまいます。

④相続税申告

相続税の計算方法については第3章で解説しますが、遺産の相続税評価額が基礎控除額を超える場合は、相続税の申告をしなければなりません。

基礎控除額は次の計算式で求めます。

3000万円＋600万円×法定相続人の人数

相続人が1人なら基礎控除額は3600万円、2人なら4200万円です。**遺産がこの金額を上回っている場合には相続税の申告が必要になります**。

申告納税には期限があり、**相続開始を知った日の翌日から10か月以内**と定められています。

相続税の申告をしないまま期限が過ぎると相続税の軽減につながる「小規模宅地等の特例」や「配偶者の税額の軽減」（配偶者控除）が使えなくなってしまうというデメリットがあります。

さらに、延滞税（原則2・4〜8・7％）、無申告加算税（原則5〜30％）、重加算税（原則35〜40％）が課せられてしまいます（利率はいずれも2024年時点です）。

⑤遺留分《いりゅうぶん》侵害額請求

被相続人（故人）は生前贈与や遺言で財産を自由に処分できます。

しかし、子や父母など一定の相続人（遺留分権利者）には、生活保障のために遺産のうち一定割合（遺留分）を取得する権利があります。

そのため、生前贈与や遺言によって、**受け取ることのできる遺産が、遺留分額未満になってしまう遺留分権利者は、生前贈与や遺言によって被相続人の財産を多く受け取った人にお金を支払うよう請求できます**（遺留分侵害額請求。1046条）。

この遺留分侵害額請求の期限は**相続の開始および遺留分を侵害する贈与・遺贈《いぞう》があったことを知ったときから原則1年**で、期限を過ぎると請求できなくなってしまうので注意が必要です

（１０４８条）。

⑥相続登記《そうぞくとうき》

不動産の所有者が亡くなった際に、所有者の名義を相続人に変更する手続きを相続登記といいます。不動産登記法が２０２１年に改正され、**２０２４年４月１日から相続登記が義務化されました。**これによって、不動産を相続した人は、**原則３年以内に相続登記をしなければならなくなりました。**

現状では、空き家など、相続登記がされないまま放置されている不動産が少なくありませんが、期限までに登記をしなかった場合は、10万円以下の過料（罰金）が科される可能性があります。

手続きを期限内に終わらせるのは至難のわざ

手続きを期限内に滞りなく終わらせるためには、次の３つをできるだけ早く行う必要があります。

- **遺言書の有無や内容を調べる（遺言書については第4章と第8章で解説します）**
- **誰が財産を受け継ぐのか、相続人を特定する（相続人の特定については第4章で解説します）**
- **相続財産に何があるか遺産の全体像を把握する（遺産の内容の調査については第4章で解説します）**

特に、相続放棄や限定承認をする場合は、原則たった3か月以内にこれらを終わらせ、なおかつ的確に判断をしなければなりません。

単純承認する場合も、相続税の申告まで原則10か月しか猶予がなく、しかもその間に遺産をどう分けるか決める必要があります。


今ご家族の相続に直面している方の多くは、40代から70代、人生のさまざまな面でターニングポイントを迎える世代です。

仕事の変化や、親の介護、お子さんの進学や就職、もしかしたらご自身の健康問題など、やらなければならないことや課題が山積み、という方が多いのではないでしょうか。

相続の手続きを期限内に終わらせるためには、スケジュールを調整して相続人一同が集まって話し合ったり、平日の日中に待ち時間の長い金融機関や役所を回ったり、慣れない書類と格闘しなければなりません。

大切な人を亡くした悲しみの中で、手続きを期限内に終わらせるのは、想像以上に難易度が高いのです。

高い
ハードル

2 相続の制度や専門用語がややこしい

相続のハードルを高くしているのが、制度や言葉の「ややこしさ」です。「わざとわかりにくくしてるんじゃないか?」と思ってしまうほど「ややこしい用語」がたくさんあります。

混乱しやすいものをいくつかご紹介しましょう。

「相続放棄」・「相続分の放棄」

どちらも財産を受け取らないという意味ですが、別物です。

相続放棄……相続人の立場を放棄します。つまり相続放棄をすると相続人から外れます(939条)。家庭裁判所での手続きが必要です(938条)。

相続分の放棄……相続人のまま相続財産を受け取らないということです。家庭裁判所での手続きは不要です。

相続財産に現金と消費者金融からの借金の両方がある場合、**相続放棄では現金も借金も引き継ぎませんが、相続分の放棄では、現金だけ放棄して、借金は引き継ぐ**ということになってしまいます。

「相続放棄してくれ」と「相続分を放棄してくれ」では、意味がまったく違います。知らないと損をするおそれがあるので注意が必要です。

「代襲《だいしゅう》相続《そうぞく》」・「数次《すうじ》相続《そうぞく》」

代襲相続は、被相続人が亡くなる前に「相続人になるべきだった人」がすでに亡くなっている場合や相続権を失ったときに、その子ども（直系卑属）が相続人となることをいいます（887条2項・3項、889条2項）。

数次相続は、「第1の相続」について単純承認したものの、遺産分割されない状態で相続人が亡くなったため、この死亡した相続人を被相続人とする「第2の相続」が始まることです。

ここでややこしいのは、「もし生きていれば相続人だった人」の夫や妻など配偶者の扱いが違うこと。

代襲相続の場合、配偶者は相続人になれません。しかし、**数次相続では、「もし生きていれば相続人だった人」がいったん相続しているので、「もし生きていれば相続人だった人」が持っていた「第1の相続」の遺産に対する権利を相続した結果、配偶者は「第1の相続」で相続人になる**のです。

なお、代襲相続や数次相続のほかに、再転相続と呼ばれるものがあります。これは「生きていれば相続人だった人」が単純承認や相続放棄をしないまま熟慮期間内に亡くなってしまった場合です。この場合、「生きていれば相続人だった人」の相続人は、「第1の相続」について、単純承認するか、相続放棄や限定承認をするか、決めることができます。

借金は勝手に分割されてしまう？

相続人が複数いる場合、相続財産は話し合い（遺産分割協議）で分割する、と思っている方が多いでしょう。たしかに、預貯金や株式などは、いったん相続人全員で共有され（「遺産共有」といいます。898条1項）、遺産分割手続によって分割されます。

相続のややこしい制度

相続人が未成年者のとき	特別代理人	231 ページで解説します。
相続人が死亡しているとき	代襲相続 数次相続 再転相続	31、52、72、87 ページで解説します。
相続人がいないとき	相続財産清算人 特別縁故者	78 ページで解説します。
相続権の喪失	相続欠格 廃除	278 ページで解説します。
相続したくない財産があるときなど	相続放棄 限定承認 相続分の放棄 相続分の譲渡	30、94、282 ページで解説します。
お墓や仏壇は誰が引き継ぐのか	祭祀承継者	272 ページで解説します。
相続財産に関する費用	相続財産の管理費用	271 ページで解説します。
遺産分割の対象	遺産共有 当然分割 一身専属権	32、35 ページで解説します。
遺産の前渡しの清算	特別受益	64、99 ページで解説します。

特別の貢献を考慮する	寄与分 特別寄与料	104 ページで解説します。
遺産の分割方法	現物分割 代償分割 換価分割 共有分割	108、204 ページで解説します。
遺産分割の手続き	遺産分割協議 遺産分割調停 遺産分割審判	158、162 ページで解説します。
配偶者の居住の権利	配偶者居住権 配偶者短期居住権	243 ページで解説します。
遺言の形式（普通方式）	自筆証書遺言 公正証書遺言 秘密証書遺言	82、251 ページで解説します。
遺言書を発見したら？	検認手続	132 ページで解説します。
遺留分を請求したいとき	遺留分侵害額請求	112、274 ページで解説します。
相続税の申告	相続税申告	120、167 ページで解説します。
被相続人の確定申告	準確定申告	24、117 ページで解説します。

しかし**財産の中には、遺産分割手続を経ずに、自動的に法定相続分に振り分けられるものもあります（「当然分割」といいます）。**貸金（被相続人が誰かに貸していたお金）、遺産分割前の収益不動産の賃料収入などがそうです。

そして借金も同じです。

相続人の1人が「じゃあ僕が多くの財産を引き継ぐ代わりに借金も全部引き継ぐ」と言い出して、相続人の間で合意したとしても、債権者には関係ありません。

万が一、その相続人による返済が滞ってしまった場合、相続放棄をしていない限り「あなたも相続人だから債務も相続してるでしょ、支払い義務があるよ」と請求がきてしまうのです。

相続できない権利がある？

実は、**被相続人が持っていた権利の中には、相続の対象にならないもの（「一身専属権《いっしんせんぞくけん》」といいます）もある**のです（896条）。

例えば、母は父との離婚によって財産分与（婚姻中に作った共有財産を清算するために分与することです）を請求する権利を持ちます（768条）。ところが、この財産分与請求権は相続できないので、母が請求せずに亡くなってしまうと、母の相続人は父に対して請求できません。

ただし、母が財産分与を請求して金額が決まったあと、父から支払いを受ける前に亡くなった場合は相続の対象になるので、母の相続人は父に対して請求できます。

高いハードル

3 「戸籍謄本」の取り寄せが面倒

相続手続きにあたって、必要になるのが被相続人（亡くなった方）の、生まれてから亡くなるまでの戸籍謄本《こせきとうほん》と、相続人全員の現在の戸籍謄本です。

なぜ戸籍謄本が必要なのか

戸籍謄本には、両親、兄弟姉妹、配偶者、子どもなどの情報が記載されています。**誰が相続人なのか、相続人の範囲を特定するためにこれを使用します。**

相続人となる子どもの人数が多い場合は、全員の現在の戸籍謄本を取り寄せる必要があるため、数が多くなります。また、**被相続人が兄弟姉妹の場合、被相続人の他に両親の生まれてから亡くなるまでの戸籍謄本も必要になる**ので、やはり数は多くなります。

長い人生の間に、人は家族に話せない秘密を抱えるケースが少なくありません。戸籍謄本を取り寄せてみたら、知らない兄弟姉妹がいた、というのは実は珍しくない話です。

遺産分割協議は相続人が1人でも欠けると無効になりますし、相続人の人数は法定相続分や相続税に影響を与えるので、誰が相続人なのかを特定しなければ、相続のスタートラインに立つことすらできないのです。

本籍地が移るほど戸籍謄本の取り寄せは大変

制度は改善されつつありますが、この戸籍謄本の取り寄せは相続手続き全体の中でも、かなり手間のかかる面倒な作業のひとつです。

戸籍は本籍地のある市区町村が管理しています。結婚や離婚などで被相続人の本籍地が市区町村を越えて移動している場合、移り変わったすべての役所から個別に戸籍謄本を取り寄せる必要があります。本籍の移動履歴が多ければ多いほど、請求先が増え手間がかかります。そのうえ、市区町村の名前が合併などで大きく変わっている場合もあるので、以前の市区町村名を調べるといった追加の手間が発生してしまいます。

窓口だけでなく郵送での請求も可能ではあるのですが、手続きする市区町村の数だけ手数料の支払いや必要書類の準備をしなければなりません。

電子化されていない戸籍がある

戸籍に関する事務作業の負担を軽減するため、1994年に戸籍法が改正されて、戸籍の電子（デジタルデータ）化が行われました（実際に電子化が行われた時期は市区町村によって異なります）。

しかし、電子化される前の戸籍は手書きまたはタイプライターで記載されています。

手書きの場合、読みやすい綺麗な字で書かれていればいいのですが、判読に難儀するものも少なくありません。

使いにくい「広域交付制度」

2019年の戸籍法改正により、2024年3月1日から戸籍証明書等の広域交付制度が始まりました。これで最寄りの市区町村でも被相続人の戸籍謄本を一括取得できるようになりました。

しかし、これによって、戸籍謄本集めが楽になった……といえるかどうかは疑問です。

なぜなら、広域交付制度は**郵送や代理人による請求は不可**で、戸籍証明書等を請求するためには**市区町村の窓口に相続人本人が行く必要があります。**

さらに**「電子化されていない戸籍」は取り寄せることができません。**

また、きょうだいの戸籍謄本を取得することもできません。

現状では広域交付制度には、できないことが多く、使いやすいとは言い切れない状況です。

便利な「法定相続情報一覧図」だが……

金融機関の預貯金の解約や相続税の申告などでは、**「法定相続情報一覧図の写し」を戸籍謄本の代わりにすることができます。**この「法定相続情報証明制度」は、2017年5月29日に開始されました。

「法定相続情報一覧図」とは被相続人の相続関係を一覧図にまとめたもので、法務局の登記官の認証文を付けた写しの交付を受けられます。いちいち戸籍謄本を持ち歩かなくていいので確かに便利ではあるのですが、この**「法定相続情報証明制度」を利用するためには、ここまで述べた「戸籍謄本一式」が必要です。**

結局、相続する人は、戸籍謄本を取り寄せる作業からは逃れられないというのが現状です。

高い
ハードル

4 預貯金の手続きが面倒

相続財産で真っ先に思い浮かぶのが「お金」つまり「預貯金」ではないでしょうか。預貯金の取り扱いに高いハードルを感じる相続人は少なくありません。

どの金融機関に口座があるのか調べなければならない

相続にあたって、亡くなった方の財産を知るために、口座のある金融機関で残高証明書や取引履歴を取得することになります。

しかし、被相続人がどの金融機関に口座を持っていたのか、すべてを把握している相続人は多くありません。

現在の日本には、個人の預貯金の口座を統一して情報提供する制度はありません。

そのため、**どの金融機関に口座があるかを知るためには、残された通帳や金融機関からの郵便物などを手がかりに、口座がありそうな金融機関を片っ端から調べる必要があります。**

これだけでかなりハードルが高いと感じる方は多いでしょう。

マイナンバーと金融機関の口座を紐付けていれば（預貯金口座付番制度《よちょきんこうざふばんせいど》）、1つの金融機関の窓口で他の口座の所在も確認できるようになるので（2024年末ころの開始が予定されています）、口座の調査はかなり楽になるでしょう。しかし、被相続人がこの制度を利用していなければ、やはり各金融機関を調べる必要があります。

残高照会や解約にひと手間かかる

残高証明書や取引履歴を取り寄せる書類には統一した書式がなく、金融機関がそれぞれ独自に書式を作っているため、書類の使い回しができません。

わざわざ各金融機関から書類をもらい、いちいち記入します。

代理人が取り寄せる場合は委任状が必要になりますが、これも金融機関独自のフォーマットであることが多いです。

中には、ゆうちょ銀行のように、原則、必要書類の受付が窓口のみで、郵送での受付をしていない（ゆうちょなのに！）ところもあります。

お金を引き出せなくて困るのが、相続税の納付にまとまった資金が必要なときです。

相続税は期限内に現金で納付しなければなりません。遺産分割協議が難航するなどして、相続税申告期限が近づいてしまい「納付資金を用意するため、ひとまず口座を解約したい」と考える人は多いでしょう（遺産分割前の預貯金の払戻し制度などがありますが、上限額が定められているなどの制限があります。詳しくは第8章で解説します）。

しかし、**被相続人の口座を解約してお金を引き出すには、金融機関が用意する書類に、相続人全員が署名・押印（実印）して、印鑑登録証明書と戸籍謄本を付けて提出しなければなりません。**

つまり、全員の同意と署名が必要ということです。1人でも欠けるとダメなのですが、遺産相続の話し合いがまとまらないうちに相続人全員の署名を集められるのか、ちょっと考えただけでハードルが高いと思いませんか？（銀行の貸金庫に財産がある場合は、同じ手続きと、開扉《かいひ》の際の相続人全員の立ち会いが必要です）

高い
ハードル

5 被相続人が認知症だとトラブルになりやすい

被相続人が生前に認知症だったり、認知症が疑われる状態だったりした場合、その相続はさまざまな原因でもめやすくハードルが高くなります。

典型的なケースを3つご紹介します。

よくあるケース1：使途不明金の発生

よくあるのが「使途不明金」の発生です。

使途不明金とは、何に使われたのかわからない、いつの間にか消えてしまったお金のことです。

家計やお小遣いなど自分のお金で使途不明金が発生したときは「気がつかないうちに使っちゃったんだな」で済みますが、相続財産の使途不明金はトラブルのもとです。

多くは、**認知症の親の世話をしている相続人の1人が「財産管理」の名目でキャッシュカードなどを勝手に使用して財産を横領（ネコババ）してしまう**、というケースです。

他の相続人が、被相続人の財産を見て「あれっ？　こんなに少ないはずはない」というケースは、これまで多数生じています。

よくあるケース２：遺言書の不正

他の相続人が、「生前に言っていたことと遺言書の中身がまったく違う」と不審に思って調べると、**認知症で判断能力が低下している被相続人に、相続人の1人が自分にとって有利な遺言書を書かせていた**、というケースです。

認知症の人を騙して作成された遺言書は無効ですので、大きなトラブルの原因となります。

よくあるケース３：相続人同士が疑心暗鬼になりいがみ合う

ケース1、2は1人の相続人が不正をしていた場合ですが、そうではなく、不正をしておらず、財産管理はちゃんとやっていたのに「認知症なのを利用してネコババ（横領）していたのではないか」「内容もわからない状態で遺言書を作らせたのではないか」と疑いを持たれてしまう、というトラブルも発生しています。

財産管理や遺言書作成に問題がなくても、不正をしていなかったことを証明できない（正当性を主張できない）ために他の相続人にお金を支払わねばならなくなったというケースや、遺言が無効だとして裁判を起こされてしまったケースもあります。

特に日ごろのお世話に対する礼金や冠婚葬祭（香典や結婚祝い）など、領収書がない支出に関しては、他の相続人からの疑問や批判を受けやすいです。

内閣府「平成28年版高齢社会白書」によると、65歳以上の高齢者の認知症患者数と有病率の推計について、２０１２年は認知症患者数４６２万人と、高齢者の7人に１人であったのに対し、２０２５年には約７００万人、５人に１人になると見込まれています。ここで紹介した3つのケースのような問題は、認知症患者数の増加とともに今後さらに増えていくと考えられます。

認知症を判断する資料として「長谷川式認知症スケール」がよく使用されます。年齢を言ったり、計算などをしてもらい、認知症の可能性の高い高齢者を判断します。30点満点で、20点以下のとき認知症の疑いありとされています。

ただ、「認知症＝判断能力なし」と即断することはできません。認知症も軽度から重度まで段階がありますし、日によって、あるいは時間によって症状が変わることも珍しくないからです。

被相続人が認知症だったかどうかだけでなく、症状がどれくらいだったのかという程度も問題となるので、トラブルになりやすいのです。

高い
ハードル

6

高い再婚率が相続をややこしくさせる

現代日本の離婚率が高い、というのはご存じだと思いますが、婚姻のうち再婚の割合も高くなっているのはご存じでしょうか。

男女共同参画局「令和4年版男女共同参画白書」では、2015～2019年の婚姻件数は約60万件で推移、離婚件数は約20万件と、婚姻件数の約3分の1で推移している、とされています。そして、全婚姻件数に占める再婚件数の割合は1970年代以降増大傾向にあり、2020年の再婚件数は13・9万件と、婚姻の約4件に1件が再婚となっています。

もちろん、再婚が悪いわけではありませんが、再婚が相続をややこしくさせているケースもあるのです。

交流のないきょうだいの存在に困惑

親の再婚によって異父（異母）きょうだいが存在する場合、互いの関係が良好ならいいのですが、そうでないことも多いでしょう。「両親とも再婚で父（母）の連れ子と一緒に育ったけどケンカばかりしていた」という場合は、もめるかもしれませんが、連絡はつきます。

困るのは「前の妻（夫）との間の子」を「前の妻（夫）」が引き取っていて、会ったこともないし、顔も知らない、という場合です。

中には、親の死亡後に戸籍謄本を取得して、はじめて親が再婚していたことや、異父（異母）きょうだいの存在を知った、という人もいます。

連絡先がわかったとしても、まったく交流がなく、どんな人かわかりません。そんな異父（異母）きょうだいに一体どのように連絡すればいいのか……途方に暮れてしまいますよね。

高い
ハードル

7 高齢者のひとり暮らしが手続きの負担を増やしている

高齢者のひとり暮らしが増えています。

内閣府「令和5年版高齢社会白書」によると、65歳以上のひとり暮らしは2020年には男性15・0％、女性22・1％。

これが2040年には男性20・8％、女性24・5％まで上昇する見込みだそうです。

元気なうちのひとり暮らしは問題ありませんが、亡くなったあとの相続時にはハードルが上がってしまいがちです。

遺産調査の難易度が高くなる

親がどの金融機関に口座を持っていたか、銀行口座や証券口座のすべてを把握しているという方は少ないでしょう。

家族と一緒に住んでいれば、ある程度わかりやすいのですが、**被相続人がひとり暮らしをしていた場合、相続が発生した際に、相続人は短期間に一から遺産調査をしなければならないため、財産の全体像の把握に時間と手間がかかります。**

現在は、ネット銀行や投資信託など財産の種類も多様化しています。そのためますます、確認が大変になっています。

空き家問題が発生してしまう

ひとり暮らしの高齢者が亡くなると、その住宅は空き家になります。

草刈りや庭木の剪定など、引き継いだ不動産の管理や維持に手間がかかるのはもちろん、台風で飛ばされてしまった屋根瓦の修理などのメンテナンス費用や固定資産税などお金もかかります。また売却するにしても不動産取引に不慣れな人には大きな負担でしょう。遠方に住んでいれば、維持管理も売却も、よけい大変になります。

相続人の誰ひとりとしてその空き家を欲しがらなければ、不動産の維持・管理や売却などの手間を相続人同士で押し付け合うことになり、トラブルの種にもなりかねません。

高い
ハードル

8 遺産が少なくてももめるときはもめる

「いやー、ウチはもめるほど遺産がないから相続も楽勝でしょう」と思い込んでいる方もいます。でも「相続でゴタゴタするのはお金持ちだけ」というのは、幻想です。

遺産が少ないからといって、相続がスムーズに進むとは限りません。

最高裁判所事務総局「令和4年司法統計年報」によると、2022年に家庭裁判所で取り扱った遺産分割事件の件数は1万2981件です。そして、遺産分割事件で認容・調停成立したもののうち、遺産額1000万円以下が約33％、遺産額1000万円超から5000万円以下が約43％と、**約4分の3が遺産額5000万円以下です。**

つまり、遺産が少なくても、もめるときはもめるということです。

不動産が多いともめやすくなる

特に遺産のほとんどが不動産で預貯金は少ないという場合は、もめやすい傾向にあります。

不動産は評価方法が複雑なため、相続人の間で意見の食い違いが発生しやすいだけでなく、被相続人の自宅に以前から同居しており、当該自宅を引き継ぐなどの場合、**他の相続人に代償分割として支払う金額は自腹を切らなければならないため、評価方法・評価内容に関してシビアになりがち**です。

感情面の問題が残っている

親やきょうだいとの関係でこれまで溜め込んできた不平不満など、**感情面のわだかまりが相続をきっかけに表面化する**ことが多いです。

「お金の問題じゃないんだ！」と感情をぶつけ合うようになると、相続のもめごとは泥沼化します。

相続は単なる財産の分配ではありません。家族の歴史や関係性、それぞれの気持ちが複雑に絡み合って、当事者だけではほどけなくなることもあるのです。

高い
ハードル

9 上の世代の不手際が下の世代へのツケに

これまで相続登記をせずに放置していても特に大きな問題が生じることはほとんどなかったため、曽祖父母や祖父母の代の遺産がきちんと分割されずに放置されていたケースは意外に多いようです。

上の世代がきちんと相続手続きをしていなかったため、下の世代がよけいな面倒を押し付けられてしまったケースになると、相続のハードルはさらに高くなります。

数次相続で超面倒になる

単純承認したものの、まだ遺産分割がされない状態で、相続人の誰かが死亡してしまい、次の相続が始まることを「数次相続」といいます。

例えば、すでに亡くなっている祖父母と両親が、曽祖父母の遺産分割を放置していた場合を考えてみましょう。今生きている人たちが曽祖父母の代までさかのぼって、遺産や相続人を調査し遺産分割を行わなければなりません。

遺産分割協議は相続人全員の同意が必要ですから、祖父母の兄弟姉妹やその子、孫など、これまで接点がほとんどなかった遠い親戚と話し合いをして、まったくなじみのない、行ったことすらない土地や建物の整理などをしなければならない、という事態が実際にあるのです。

それでも遺産が豊富で「これをやればたくさんお金がもらえる」なら多少面倒でもやる、という方は多いでしょう。しかし世代が下がるということは、通常は相続人が増え、各相続人の法定相続分は減っていきます。**負担は増すのに受取額は減るという「割に合わない」状態に陥りやすい**のです。

数次相続でまったくなじみのない土地や建物を整理することになる場合も。

高い
ハードル

10 どの専門家に相談すればよいかわかりにくい

「相続の手続きを専門家に依頼したい」と思ったとき、最初にぶつかる壁が「誰に相談するべきかがわからない」ではないでしょうか。

専門家ごとにできる分野が違う

世の中には相続に関連する職業がたくさんあります。

相続手続の相談先として、弁護士、税理士、司法書士、行政書士などの士業が思いつく人が多いでしょう。

これらの士業は、どこまでの業務ができるのかが法律で決まっています。

詳細は第5章で解説しますが、まずは専門家によってできることが違う、ということだけ覚えておいてください。

銀行の相談窓口なら信用できる？

銀行や信託銀行、保険会社、不動産仲介会社などが、相続の相談窓口を設置していることも多くあります。

すでに付き合いのある金融機関や会社なら安心感もあるでしょう。

しかし、相談を受ける側は、自分たちの本業に有利となるよう誘導したいと考えている可能性があります。

さらに、有資格者ではなく、知識もあやふやなまま「相続の専門家」などと名乗り、間違ったアドバイスをする人々も存在するので、注意が必要です。

相続 ここにも気をつけて

① 相続に面倒な土地がある!?

相続財産に土地など不動産が含まれている場合、その土地が売却しやすいかどうかは検討する必要があります。田舎の田畑や山が売りにくいのはよく知られていますが、住宅地でも売却が難しい場合があるので注意しましょう。

例えば、市街化調整区域にあるため活用が制限される土地、公道に面していない土地、登記簿と実測が異なるなど隣地との境界が不明確な土地、狭小地などです。

これらの売りにくい土地を相続して売却する場合、近隣の住民に購入を打診したり、他の土地と抱き合わせで買い取ってもらったり、大幅に値下げをして売却したりすることになりかねません。

第2章

遺産相続のトラブル集

相続では実にさまざまなトラブルが起こります。

この章では「事例集」として実際にあった相続トラブルをご紹介します。

個人が特定されないよう内容の一部を変えていますが、
すべて実際にあったトラブルです。

もしかしたら、あなたに似たケースがあるかもしれません。

（トラブルとしての事例を優先しているので、中には相談のみで対応を終了したケースもあります）

トラブル

1 姉が親の財産を開示してくれない！

「母の預金は100万円しか残っていない」と言う姉だったが……

依頼者のAさんは就職を機に地元を離れ、そのままそこで結婚して暮らしていました。地元に帰るのは年1～2回程度だったそうです。

Aさんの父親はすでに他界しており、実家近くに住む姉が認知症の母親の面倒を見ていました。

やがて母の認知症が進行したため、姉はAさんに事前の相談もなく、母を施設に入所させました。そして、母の財産管理をしていた姉が、施設や病院との連絡窓口となっていました。

その数年後、母が亡くなり、遺産分割手続が始まりました。

姉は「母の預金は100万円しか残っていない」と言い、通帳を見せるようお願いしてもまったく聞き入れてくれませんでした。

Aさんは「もしかしたら姉は母の預貯金口座から勝手にお金を引き出してネコババ（横領）しているかもしれない」と考えましたが、手元に証拠となる資料もありません。

「姉の言うとおりの内容で遺産相続するしかないのか？」と悩んで私のもとを訪れたのです。

私は遺産や不正引き出しの証拠を集めるために、金融機関から口座の取引履歴を取り付けるなどして、さまざまな記録を調査しました。

やがて姉の不正な資金管理が明らかになり、なんと約7000万円も母親のお金を横領していたことが判明しました。

私はAさんの姉に横領したお金の返還を求

めましたが、姉は一部の横領しか認めなかったため、調停や裁判といった法的手続きを利用して請求することにしました。

最終的にAさんは、横領されたお金を取り戻すことができました。

遺産の内容を把握している一部の相続人が、他の相続人に遺産の内容を開示しないケースは珍しくありません。

遺産が預貯金のみである場合、口座凍結される前にATMなどで出金して残高をほぼ0円にすることもできるので、遺産分割手続をしなくとも横領した相続人には実質的な不利益が生じないことになります。

「親の面倒を見ていたのだから遺産は全部もらうのが当然」と考えている相続人から開示を拒否されるケースもあります。

遺産に関する資料が提供されない場合、自身で遺産調査を行わなければ遺産分割手続を適切に進めることは難しくなります。

トラブル

2 知らないきょうだいがいた！

戸籍謄本を見るまで知らなかった父の再婚

依頼者のBさんは父親と同居していました。

父が亡くなったため、Bさんは弟と話し合い、Bさんが父の遺産である預貯金、一戸建て（実家）や田畑を引き取ることとしました。

Bさんは仕事の合間に父の出生から死亡までの戸籍謄本を取り寄せたり、遺産分割協議書を作ったりして、なんとか必要書類を揃えて法務局へ相続登記に行きました。

ところが法務局で、弟との遺産分割協議書では手続きできないと言われてしまいました。父は再婚であり、父と前妻との間に異母兄がいるというのです。

Bさんにとっては寝耳に水でした。戸籍謄本をよく見ると、確かに父は再婚で、前妻とは子が生まれてすぐに離婚していました。

異母兄は前妻が引き取っていたため、Bさんも弟も、異母兄がいることはもちろん、父が再婚だったこともまったく知りませんでした。

当然、連絡先も、どんな人かも知りません。

もし連絡先がわかったとしても、父とずっと一緒に過ごしてきた自分が、異母兄にどのように声をかければよいのか、とBさんは悩みました。

もしかしたら、生後間もなく父親と生き別れになって、母親と2人で生活が大変だったかもしれないと考えると気が引ける、と私のところに相談にいらしたのです。

私はBさんの異母兄の住所を調べ、手紙を送ってていねいに説明しました。

異母兄は、父やBさんたちの状況をまったく知らないと思われるため、父やBさんたちについて説明したうえで、父の仕事を手伝ったり借金の肩代わりをしてきたこと、使っていない田畑の草刈りを長年してきたことなど、Bさんが父のためにこれまでしてきたことや、父のお墓や法要の費用に充てるために父の遺産をすべて引き継ぎたいというBさんの願い、これまで交流のなかった異母兄への接し方についてのBさんの悩みなどをお伝えしたのです。

すると、異母兄から私宛に連絡がきました。

異母兄は「父の世話をしてくれた異母弟に遺産は全部渡しても構わないと思っている。具体的にどうすればいいか、教えてほしい。兄弟なので、できれば仲よくやっていきたい」とおっしゃいました。

そこで私は、Bさんが遺産全部を相続するという内容で遺産分割協議書を作成し、Bさんとその弟さん、異母兄の3人で顔合わせの場を設けました。顔を合わせた3人は、遺産分割協議書に署名押印をしたうえで、亡父の生前の様子などについて会話して、最終的には「今後、もしタイミングが合えば連絡を取り合ったりしたいね」と言って別れました。

現在の日本では、高い再婚率からも明らかなとおり、異父（異母）きょうだいのいる人は珍しくありません。

異父（異母）きょうだいと日ごろから親交のある人はそう多くないでしょう。親の再婚相手や異父（異母）きょうだいから突然連絡が来る可能性もあります。

両親が離婚し、別居した親との交流がない状態で相当期間が経過していれば、今回のように父や母が再婚だったことや、前妻（前夫）との間に子がいることすら知らないままで相続に直面するというケースももちろんあるでしょう。

異父（異母）きょうだいと親交がないからといって、その異父（異母）きょうだいを避けて相続手続きを進めることはできません。何らかの方法で、異父（異母）きょうだいにアプローチしなければならないのです。

Bさんの場合は平和的に終わりましたが、このようにうまくいくケースばかりではありません。

トラブル

3 現金手渡しはトラブルのもと

ケース1：母親が生前、記録など残さないまま兄を優遇

相談者のCさんは2人兄弟の弟です。

Cさんの母親は昔から兄に甘く、何かというと兄を優遇していました。兄は大学を卒業してもしばらく無職で実家に住み続け、その後、起業して事業を始めましたが長続きせず、事業をコロコロと変えていました。

その間ずっと、母は兄の借金を肩代わりしたり、事業資金を援助するなど、多額のお金を渡していました。

ただ、どれも現金手渡しで、契約書などの書面はもちろん、メールやLINEのやり取りも残っ

ていませんでした。

母が死亡して、遺産分割の際に兄に対して、これまで兄が母からもらってきたお金を清算したいと告げると、兄は「お金をもらったことはない」としらばくれました。

どう考えてもウソなのに証拠がありません。「なんとかならないか」とCさんは考えています。

事業資金の援助や借金の肩代わりなどは特別受益《とくべつじゅえき》に当たる可能性があります。

特別受益として認められれば遺産の前渡しを受けていると扱われ、遺産から新たに取得できる分が減るという意味で、贈与を受けた相続人にとっては不利益となります。

しかし、**特別受益は、贈与を受けた相続人が認めない場合、証拠がないと認められません。**

このケースは母親が生前、記録など残さないまま現金を手渡していたため、兄が受け取ったとの証拠が存在しないのです。

贈与を主張するCさんが、その時期や額などを主張するとともに、裏付けとなる証拠を提出しなければならず、これらができないと兄の特別受益は認められません。

現金手渡しは証拠が残りにくいので、特別受益を受けた相続人がしらばくれてしまうと、これを清算することが難しくなってしまいます。

ケース2：両親と疎遠の弟から、財産の横領を疑われる姉

こちらのケースの相談者Dさんは2人きょうだいの姉です。

父親が病院に入院していて、母親は実家でひとり暮らしをしています。

Dさんの弟は実家の近所に住んでいますが、たまに顔を見せる程度で、両親の世話をする気はまったくありませんでした。

そのため、弟よりも実家から遠いところに住んでいるDさんが母の世話をするようになり、父の見舞いや母の通院のために送迎をしたり、外食や旅行に連れて行ったりしていました。

やがて、心身が弱ってきた母から頼まれて通帳とキャッシュカードを預かり、母の代わりに買い物や必要な支払いなども任されるようになりました。

ある日、母から「日ごろのお礼に孫の大学にかかる費用を出してあげる。300万円を口座から引き出して受け取って」と言われました。

Dさんは「銀行の窓口に行くのは面倒なのでATMで小出しして」と母に言われたため、ATMで50万円ずつ6日間出金して、子どもの学費に充てました。

母が死亡し、弟から母の通帳を見せるよう言われたので提示すると、「母が孫に300万円あげるはずはない、取ったんだろう？　返せ」と言ってきました。

このように一部の相続人が被相続人の財産管理をしていた場合、疎遠だった他の相続人から横領を疑われるケースは珍しくありません。

そういう場合、**被相続人の財産は被相続人のために適切に使用し、そのうえで贈与を受けた、などの説明をする必要が出てきます。**

しかし、家族間の贈与は契約書などの資料がないことも多いため、贈与を受けた事実が認められないことになる可能性があります。

このケースでは結果的に300万円を返還しなければならない、となりかねません。

証拠がない現金の贈与はトラブルを招きやすく、家族間でも贈与の証拠、つまり契約書を作成するなど、明確な証拠を作っておく必要があります。

ケース1、ケース2に共通していることは、「贈与を受けたことを認めてくれるだろう」「親のお金をちゃんと使っていたことを分かってくれるだろう」と相手を信頼していて、証拠を準備することをしなかった場合、相手にその信頼を裏切られてしまうと、苦しい立場に追い込まれてしまう危険がある、ということです。

そして、現金手渡しは証拠のないことが多いため、このような状態になってしまう可能性が高いといえます。

トラブル

4 「とりあえずハンコ押して」に要注意

兄に言われるままに遺産分割協議書に署名押印したら……

相談者Eさんの父親が亡くなり、四十九日法要で親族が集まったとき、Eさんは兄から遺産分割協議書を見せられ、こう言われたそうです。

「相続税の申告などをしなければならないし、こちらでさっさと手続きを進めたいと思っている。落ち着いたら遺産から1000万円を渡すので、ひとまずこれらに署名押印してくれ」

Eさんは「1000万円もらえるならそれでいいか」と兄を信頼し、言われるまま署名押印して印鑑証明書を兄に渡してしまいました。

ところが、1年経っても兄から1000万円の話が出てきません。そこで「あの件は……」と、尋ねたところ、兄から「そんな約束をした覚えはない」と言われてしまいました。

「1000万円もらえないなら遺産を法定相続分に従って受け取りたい」とEさんが言うと、兄は「もう遺産分割手続は終わっている」と言い放ち、Eさんが署名押印した「兄が遺産全部を相続する」と記載された協議書を見せました。

Eさんはこの事態をなんとかしたいと思い私のもとへいらしたのですが、**すでに遺産分割協議書に署名押印してしまっており、あとで1000万円をもらうという約束に関する証拠もまったくなかったので、遺産分割協議のやり直しや1000万円の支払いを求めることは難しい**と判断せざるを得ませんでした。

兄は最初からEさんを騙すつもりだったので

しょう。遺産分割協議書は署名押印をする前に記載内容をしっかり確認する必要がありますし、遺産分割協議書に書かれていない口約束を簡単に信じてはなりません。いくら信頼している相手でも、目的があいまいなまま実印や印鑑登録証明書を渡すのは避けるべきです。

そもそも通常、1人の相続人が遺産全部を相続したあとに他の相続人へ贈与する行為にメリットはありません（遺産から1000万円渡すと決めるのであれば、それを遺産分割協議書に記載すればよいだけの話です）。

相続手続きで使用される実印や印鑑登録証明書は思っているより重要なものです。

納得がいかなかったとしても自ら実印を押してしまっている以上、すでに成立した合意をなかったことにするのは困難です。

納得できていないことがあるなら、それをそのままにして「とりあえず」ハンコを押す、という選択肢は採るべきではありません。

また、**内容が理解できないまま、あるいはあやふやなまま実印や印鑑登録証明書など重要なものを相手に渡すべきではありません。**

内容を知らされないまま勝手に使用されたのであれば、当該手続きが無効になると考えることができますが、「内容を知らされないまま勝手に使用された」という事実を証明するのは難しいでしょう。

遺産分割協議書に記載のない約束は、録音やその他の証拠がない限り、その約束をしたこと自体を証明できないため、なかったこととして扱われてしまう可能性が高いです。

遺産分割協議においては、すべての約束事を文書に明記し、協議書にはそれが反映されるようにすることが重要です。

「相手が内容をよく理解できていないのに乗じて、自分にとって有利な内容の遺産分割協議書を完成させてしまおう」と考えている場合、相手に考える余裕を与えないために、遺産分割協議書を見せたその場で署名押印するようしつこく求めたり、署名押印するまで相手を帰らせないようにするケースもよく見られます。

特に、法要のときは他の親族の目もありますし、自分の意見を言いづらい状況になっていることもあります。また、日ごろから頭が上がらない、怖い、などと思っている人が相手の場合、その人から凄まれたりして、言われるがままという状態になってしまうこともあります。

そのため、理由などをちゃんと説明されないまま「今度の法要のときに実印と印鑑登録証明書を持ってきて」と言われたときは、本当にこれらを持っていくべきなのか、慎重に検討するほうがよいでしょう。

トラブル

5 ある日いきなり相続放棄を求められた！

ある日「弟」を名乗る人物から連絡が……

依頼者のFさんは幼少期に両親が離婚し、父親に引き取られたため、母親とは交流がありませんでした。

ところが、ある日「弟」を名乗る人物からFさんに突然連絡がありました。

その電話でFさんは、母が最近亡くなったこと、母は再婚していたこと、母と再婚相手との間に生まれた弟（異父きょうだい）がいることをはじめて知りました。

異父弟は弟といっても、母と再婚相手との間の子なので、Fさんにとっては赤の他人に近い存在です。

母の相続人はFさんと異父弟だけだというので、母の相続について相談したいと連絡をしてきたのでした。

異父弟はさらに、母が亡くなるより少し前に父（母の再婚相手）が亡くなっていて、遺産分割手続をしていなかった、と言います。

そのため、数次相続となり、Ｆさんは母の再婚相手の遺産について4分の1の相続権を持つことになります。

異父弟はＦさんに対して「相続放棄してほしい」と言って、申立書《もうしたてしょ》などの書類を送りつけてきました。

ろくな説明もなく、いきなり相続放棄に関する書類を送ってきた異父弟の姿勢にＦさんはカチンときて「相手のためにお金と手間暇をかけて相続放棄について調べたり手続きするのは嫌だ、逆に、当然の権利としてもらえるものをもらいたい」と考え、私のところに相談に来られました。

私から言わせてもらうと、異父弟の行動はそもそもの考え方が間違っています。

相続放棄するのが当然、という態度ではなく**「あなたには相続する権利があるのだけれど、こういった事情があるからどうか引いてくれないか」というお願いをすべきでした。**

なのに、その立場を履き違えて連絡したためにＦさんの反感を買ってしまったのです。

ただ、異父弟の立場も理解できます。実は異父弟の父（母の再婚相手）は会社を経営していました。異父弟としては、父ががんばって会社を大きくして財産を作ったのであり、息子である自分がその会社を引き継いでいくのに、父と血のつながりがなく、会社にもまったく関与していなかったFさんが相続人として父の遺産を受け取るのはどうか、という思いがありました。

「Fさんに父の遺産を受け取る権利なんかない」というのが本音だったでしょう。

結局、Fさんは1000万円を超える遺産を手にしましたが、「はじめからちゃんとていねいに事情を伝えてくれていたら、自分も意固地にならなかったかもしれない」と話していました。

このケースのように**数次相続が発生した場合、一次相続の被相続人の配偶者とその前夫または前妻との間に生まれた子など、一次相続の被相続人にとって赤の他人が相続人として現れる可能性があります。**

被相続人との関係性がまったくない人が相続人として遺産分割手続に加わることについて、他の相続人に少なからず抵抗感が生じ、遺産を分けたくないと思うケースも珍しくありません。

トラブル

6 勝手に豪華な葬式をして「費用は遺産から」って、都合よすぎない？

葬儀の相談がなかったどころか、呼ばれてもいないのに

依頼者のGさんは50代の既婚女性です。無宗教者ということもあり、自分や家族の葬儀は家族葬、お墓も永代供養でいいと思っていました。

以前からGさんと兄との仲は悪く、兄は「（Gさんは）他の家に嫁いだのだから」などと言って、施設に入っている母親に会わせてもくれませんでした。

その後、母親が亡くなり、長男である兄が喪主として葬儀の手配をしました。

しかし兄は、実の妹であるGさんに葬儀の連絡もしてくれませんでした。

兄は、お坊さんを3人も呼び、祭壇を豪華にして葬儀を執り行い、お墓も実家近くから自分の自

宅付近に移動させました。

　当然、葬儀代やお墓に関する費用も高くなったようです。

　葬儀と四十九日法要が終わってから、兄は「費用は遺産から出すべきだ」と言い出しました。

　遺産から出すということは、葬儀に出席していなかった自分も法定相続分に応じて葬儀費用を負担するということになります。

　しかし「葬儀の相談がなかったどころか、呼ばれてもいない自分にも葬儀費用を負担しろというのか」とGさんは納得できません。

　葬儀はお墓や仏壇などを引き継ぐ「祭祀承継《さいししょうけい》者《しゃ》」が喪主を務めるのが一般的であり、喪主が葬儀の内容を決めることになります。

　しかし、葬儀の内容は費用に直結することでもあり、他の相続人が関心を抱くのは当然で

しょう。

喪主が葬儀費用を自己負担すればトラブルになりにくいですが、遺産から支出するのは、他の相続人にも負担させることを意味します。

このケースのように、相続人の一部が葬儀に出席できなかった場合や、葬儀の内容を一方的に決められた場合などは、葬儀費用を遺産から支出するという合意が難しくなります。

こういった行き違いを避けるために、喪主はあらかじめ他の相続人の同意を取っておくべきでした。

でも、相続人同士が普段から仲が悪ければそれも難しいかもしれません。

子どもたちの仲が悪く、自分の死後もいさかいが起きそうだと感じるなら、自分が亡くなる前になんらかの対策をしておくのが親としての最後の仕事ではないでしょうか。

このケースでも、もし被相続人が亡くなる前に「葬儀社は○○、葬儀の内容は○○、葬儀費用は○○万円以内で遺産から出してほしい」など自分の葬儀についての希望を伝えておけば、トラブルを未然に防げたように思います。

なおこのケースは遺産分割協議ではまとまらず遺産分割調停まで進みましたが、Gさんは葬儀費用の一部を遺産から支出することを認める代わりに、兄は他の争点についてGさんの主張をのむことで決着しました。

トラブル

7

引きこもりの甥。死んだあとも世話をするの!?

ある日、突然、アパートの大家から電話がかかってきて

相談者のHさんは60代の会社員。数年前に亡くなった弟夫婦のひとり息子（Hさんの甥《おい》）の面倒をときどき見ていました。

甥は弟夫婦が生きていたときから軽度の引きこもりでした。伯父であるHさんは、甥が単身者向けの安い賃貸物件に引っ越すための物件探しをしたり、近所のスーパーに食材などを買い出しに行ったり、たまに様子を見に行ったりと、できる範囲で世話をしていました。

ある日、突然、Hさんに甥の住むアパートの大家から電話がかかってきました。

Hさんはその電話で甥が急死したことを知らされました。前に行ったときは変わった様子がなかったので、しばらく行っていなかったのですが、甥は自宅でひとりで亡くなっていたそうです。警察によると、犯罪に巻き込まれたなどの事件性はないようでした。

Hさんは、大家から、親族であるHさんが甥の私物を片付けて部屋の明け渡しをするか、もしくは整理業者に依頼するのでその費用を払うかしてほしい、と言われました。

甥のアパートの賃貸借契約について、自分は連帯保証人ではないし、伯父として善意で生前の甥の世話をしてきただけなのに、死亡後まで手間や費用をかけなければならないのか、とHさんは気が重くなり、私に相談に来られたのです。

結論から申し上げると、Hさんは甥の部屋を片付けていません。

大家側が手間や費用をかけずに部屋を早く片付けて他の人へ貸し出したいという考えから、親族に片付けを依頼する、というケースはあります。

今回の場合、伯父であるHさんは連帯保証人ではなく、相続人でもないので、甥の荷物を片付ける義務はありません。義務がないどころか、相続しないHさんが勝手に処分してはいけません。

相続人がいない遺産については、本来は相続財産清算人《そうぞくざいさんせいさんにん》（９５２条。以前は相続財産管理人と呼んでいました）によって処分されます（相続財産清算人の費用がかかるため、できれば身内に無料で片付けさせたいというのが大家の本音だったかもしれません）。

もし、甥の遺産がある程度残っている場合、Hさんは特別縁故者として財産分与の申立てをすることも考えられます（958条の2）。**相続人でなくとも特別縁故者として認められれば、遺産から債権者などへ弁済したあとに残った財産の全部または一部の分与を受けられる可能性があります。**

特別縁故者として申立てできるのは次の3つに当てはまる人たちです（どれも当てはまらなければ申立てできません）。

・被相続人と生計を同じくしていた者

家族として生活していたけれど相続権のない人が当たります。例えば、内縁の配偶者、同居のおじ・おば、事実上の養子などです。

・被相続人の療養看護に務めた者

被相続人と生計を同じくしていなかった者で、被相続人の生前に看護を尽くすなどしていた場合が当たります。報酬をもらっていた場合は特別縁故者になれないのが原則です。

・その他被相続人と特別の縁故があった者

生計同一者や療養看護者に準ずる程度に被相続人と密接な交流があり、遺産を分け与えることが被相続人の意思に沿うだろうと思われる人が当たります。親族関係者はもちろん、被相続人が設立や運営に深く関与していた法人（学校法人、宗教法人、社会福祉法人、地方公共団体など）も含まれます。

第3章

これだけは知っておきたい「相続」きほんのき

ほとんどの人が相続について知識のないまま、相続人になります。
まったく知識のない状態では相続がうまくいかないのも当たり前です。
この章では、相続にあたって知っておいてほしい、
知らないと損をしかねない基本をお伝えします。

きほんのき

1 「遺言書」は亡くなった方の意思表示

映画やドラマで見て、「遺言書」がどんなものか、なんとなくイメージできる方は多いでしょう。ただし、その中身がどんなものか、正しくご存じの方は少ないのではないでしょうか。

遺言とは、遺言者が自分の死後に一定の効果が発生することを意図して示す最終的な意思表示で、その書面が遺言書です。

遺言書の基礎知識

遺言書を書けるのは、「**15歳以上**」で、かつ「**意思能力がある**」人です（3条の2、961条）

もしも認知症になってしまった場合、遺言書を書いても無効と判断されてしまう可能性があります。

遺言書に何を書くか、内容は基本的に自由です。しかし**民法で定められた方式で書かれたものでないと、無効になってしまいます。**

遺言書は**法律上の効力が生じる「遺言事項《いごんじこう》」と、法律上の効力がない「付言事項《ふげんじこう》」**からなっています。

遺言事項

各相続人の相続分や遺産の分割方法の指定、特別受益《とくべつじゅえき》の持戻しの免除、推定相続人の廃除、遺贈《いぞう》、子の認知、遺言執行者の指定、祖先の祭祀《さいし》を主宰する祭祀承継者の指定など

付言事項

遺言者のメッセージ、遺産の分割方法の指定の理由、葬儀の希望、心情、願いなど

残された遺言書が複数あって内容に違いがあるときは、その部分については最新のものが優先です（1023条1項）。

遺言は故人の遺志ですが、残された人が必ず従わなければならない、ということはありません。**相続放棄《そうぞくほうき》は可能ですし、相続人全員が合意すれば遺言とは違う内容での遺産分割もできます。**

遺言書の方式

遺言書には2つの方式で計7種類があります（967条）。種類によって効力の差はありません。

普通方式（一般的な遺言の方式）

- 自筆証書遺言（968条）
- 公正証書遺言（969条）
- 秘密証書遺言（970条）

特別方式（死亡が迫っていたり、一般社会と隔絶した状況にあるなど、普通方式で遺言できない場合の遺言。普通方式の遺言ができるようになったときから6か月生存すれば効力を失います（983条））

- 死亡危急者遺言（976条）
- 伝染病隔離者遺言（977条）
- 在船者遺言（978条）
- 船舶遭難者遺言（979条）

一般的によく使われるのは、自筆証書遺言と公正証書遺言です。秘密証書遺言は、内容を他人に知られないメリットがありますが、デメリットも多く、ほとんど利用されていないと思われます。

きほんのき

2 誰が「法定相続人」なのかは民法で決まっている

相続人とは、ある人（被相続人《ひそうぞくにん》）が亡くなったあと、その人の相続財産（遺産）を包括的に引き継ぐ資格を持つ人を指します。相続人の範囲や相続分（相続財産全体に対する持分《もちぶん》）は民法で定められており、民法で定められた相続人を「法定相続人」といいます。

法定相続人の範囲と優先順位

配偶者

被相続人の配偶者（夫や妻）は必ず相続人となります（890条）。

配偶者以外の相続人は「第1順位：子」「第2順位：直系尊属《ちょっけいそんぞく》（父・母）」「第3順位：兄弟姉妹」の3グループに分けられます。

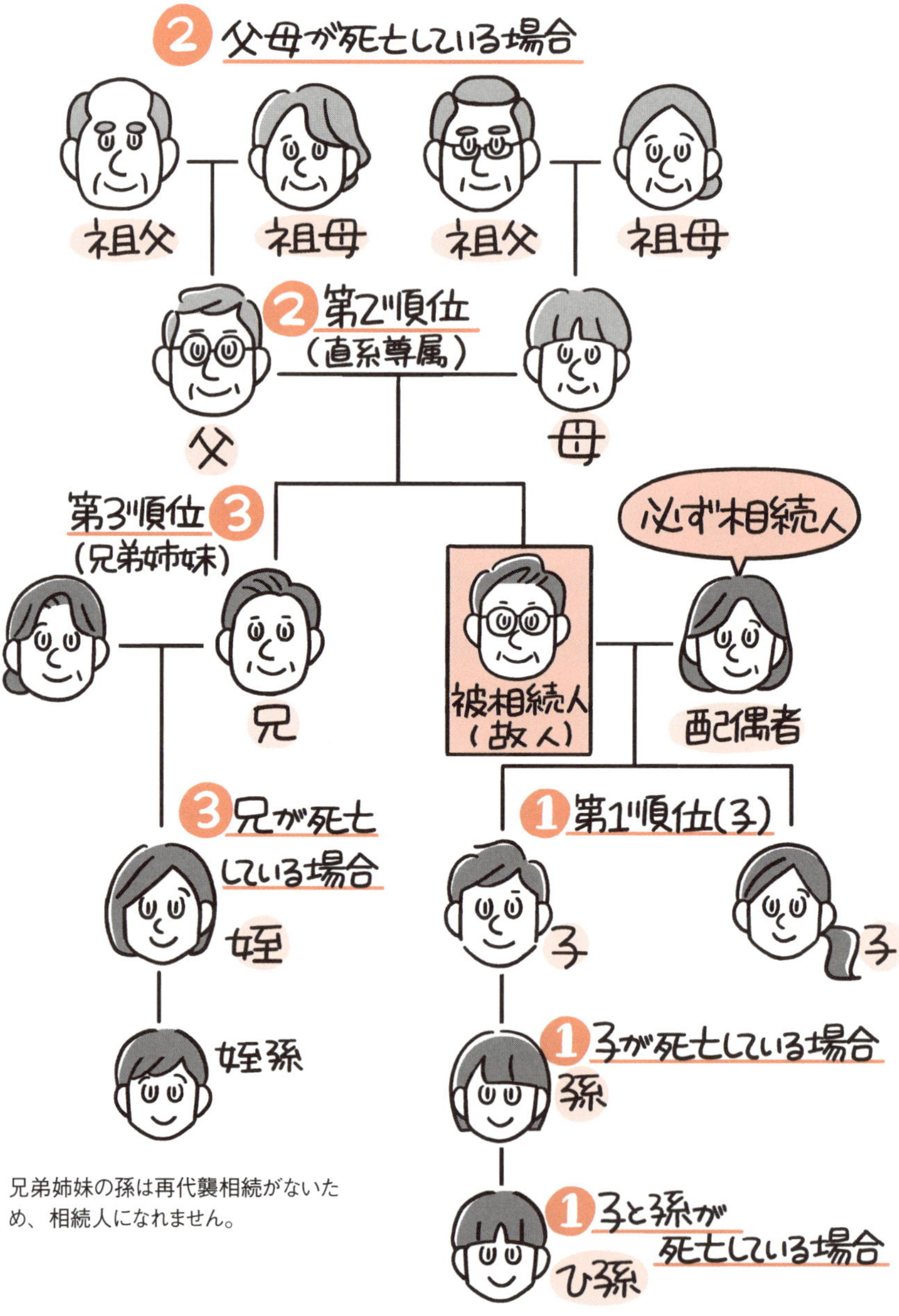

兄弟姉妹の孫は再代襲相続がないため、相続人になれません。

先順位《せんじゅんい》グループの相続人がいなければ、後順位《こうじゅんい》のグループの人が相続人になります。

第1順位：子

被相続者の子どもは第１順位です（８８７条１項）。

子どもが複数いる場合は兄弟姉妹で均等に分け合います。

もしも、**被相続人が死亡する前に子が死亡しているか、相続権を失っている場合は、その子（孫）が相続人となります**（８８７条２項）。これを「**代襲相続**《だいしゅうそうぞく》」といい、この孫を「代襲相続人」といいます。**孫もすでに死亡しているか相続権を失っている場合は、ひ孫が相続人となります**（再代襲相続《さいだいしゅうそうぞく》。８８７条３項）。

第2順位：直系尊属

被相続人の直系尊属（父母や祖父母）が第２順位です（８８９条１項１号）。

被相続人に子どもがいないとき、被相続人により近い人が相続人となります（例えば、父母のどちらかが存命の場合、祖父母は法定相続人になりません）。

両親がともに存命の場合は父と母で均等に分け合います。

第3順位：兄弟姉妹

被相続人の兄弟姉妹が第３順位です（８８９条１項２号）。

被相続人に子どもや直系尊属がいないとき、相続人となります。**兄弟姉妹も代襲相続は認められますが、その場合は「兄弟姉妹の子（被相続人の甥《おい》・姪《めい》）」まで**で、兄弟姉妹の孫が再代襲相続をすることはできません（889条2項）。

法定相続分とは

法定相続分は、誰がどれだけ相続するかという相続分を遺言で指定されていない場合に適用される相続分です（900条）。遺言がある場合は遺言が優先されます（遺言によって指定された相続分を指定相続分といいます。902条）。

法定相続分は相続人との組み合わせによって変わります。

【例】被相続人の配偶者の法定相続分

配偶者のみのとき……1（全部）
配偶者と子のとき……2分の1
配偶者と直系尊属のとき……3分の2
配偶者と兄弟姉妹のとき……4分の3

法定相続分

法定相続分相続順位	法定相続人・法定相続分	
配偶者のみ	配偶者＝1(全部)	
第1順位	配偶者＝1/2	子ども＝1/2（人数で分割）
第2順位	配偶者＝2/3	直系尊属＝1/3（人数で分割）
第3順位	配偶者＝3/4	兄弟姉妹＝1/4（人数で分割）

・配偶者のみが相続する場合
配偶者が相続財産すべてを受け取ります。

・配偶者と子どもが相続する場合
配偶者が相続財産の２分の１を受け取り、
残りの２分の１を子どもたちが人数で分けます。
嫡出子と嫡出でない子（婚外子）の法定相続分は同じです。

・配偶者と直系尊属が相続する場合
配偶者が相続財産の３分の２を受け取り、
残りの３分の１を直系尊属が人数で分けます。

・配偶者と兄弟姉妹が相続する場合
配偶者が相続財産の４分の３を受け取り、
残りの４分の１を兄弟姉妹が人数で分けます。

・子どものみが相続する場合
子どもたちが相続財産すべてを人数で分けます。
嫡出子と嫡出でない子（婚外子）の法定相続分は同じです。

・直系尊属のみが相続する場合
直系尊属が相続財産すべてを人数で分けます。

・兄弟姉妹のみが相続する場合
兄弟姉妹が相続財産すべてを人数で分けます。
※異父（異母）きょうだいの法定相続分は、両親とも同じ兄弟姉妹の2分の1となります（900条４号）。

きほんのき

3 借金や連帯保証も「遺産」のうち

遺産とは

遺産（相続財産）とは、被相続人が死亡時に所有していたすべての財産のことをいいます。

遺産には「プラスの財産」と「マイナスの財産」があります。

相続財産に何があるかは遺産目録《いさんもくろく》（財産目録）を作成して整理します。遺産目録の作り方は149ページで解説します。

「プラスの財産」と「マイナスの財産」

遺産には、不動産や預貯金など財産的価値のある「プラスの財産」はもちろん、**借金や連帯保証**

人などの債務である「マイナスの財産」も含まれます。そのため、「プラスの財産」だけでなく「マイナスの財産」もしっかり調査・確認することが重要です。

具体的には次のようなものがあります。

・プラスの財産

預貯金、動産（現金、貴金属、自動車など）、不動産、不動産賃借権、投資信託、株式、国債、著作権

・マイナスの財産

債務（借金など）、連帯債務、保証、連帯保証

遺産分割手続では、財産のプラスとマイナスを総合して考慮し、分割方法を決定します。債務超過（マイナスの財産のほうが多い）の場合

は「相続放棄」を選択することが多いです（相続放棄については94ページで説明します）。

「マイナスの財産」は法律上は遺産分割手続とは関係なく、各相続人が法定相続分に応じて受け継ぐことになっていますが、遺産分割協議で決めることもできます。

例えば、相続人の間で「1人が借金を全額負担する」と合意した場合、相続人間でその合意は有効です。

しかし、**債権者はその合意を無視して各相続人に法定相続分に応じた返済を請求することが可能です。**

遺産分割の対象にならないものもあります。

お墓、仏壇などの祭祀財産や遺骨は、祭祀主宰者（お墓や仏壇を受け継ぐ人）が承継するため、遺産分割の対象にはなりません（897条1項）。

また、特定の人が受取人として指定されている「生命保険金」や「死亡退職金」も、原則として遺産分割の対象に含まれません。

「連帯保証人」の立場も引き継ぐ

被相続人が知人や友人に頼まれて借金の連帯保証人になっていた場合、相続人は相続放棄をしない限り、連帯保証債務を引き継ぐことになります。

連帯保証とは、主債務者（借金した本人）に財産があるかどうかにかかわらず、債権者が保証人に対して請求などをすることができるものです。

連帯保証でなく単なる保証の場合、債権者が主債務者に催告《さいこく》したり主債務者の財産を差し押さえなければ保証人へ請求できないこともありますが（452条、453条）、連帯保証の場合、催告や差押えなどせずとも債権者は連帯保証人へ請求できることになります（454条）。

もしも、**主債務者の返済が滞った場合、連帯保証債務の相続人に支払いの請求がくる**ことになります。

中には、連帯保証人になっていることを知らないまま相続して、ある日突然、大きな額の請求がきて驚いた、という人もいます。

相続人が複数いるときは、連帯保証債務も法定相続分に応じて受け継ぐことになります。例えば、被相続人が1000万円の借金の連帯保証人になっていて、妻と子2人が相続した場合、妻は500万円、子はそれぞれ250万円ずつ、連帯保証債務を受け継ぎますので、妻が1000万円を支払わなければならないわけではありません。

もし連帯保証人を引き継いだ相続人が借金を返済した場合、その相続人は主債務者に求償《きゅうしょう》する（お金の返還を求める）ことができます（459条、459条の2、462条）。

きほんのき

4 「相続放棄」で相続人を辞める

相続放棄とは

遺産相続には、**単純承認、相続放棄、限定承認**の3つがあります。

このうち**「プラスの財産」も「マイナスの財産」も一切相続しないことを「相続放棄」といいます。**

相続放棄をすると、はじめから相続人ではなかったとみなされます（939条）。

相続放棄のタイムリミットは3か月

相続放棄をするには、熟慮期間内に家庭裁判所へ「相続放棄申述書《そうぞくほうきしんじゅつしょ》」をはじめとした必要書類を提出します（938条）。

熟慮期間とは「自己のために相続の開始があったことを知ったとき（①被相続人の死亡または失踪宣告、②自己が相続人になったことを知ったとき）」から、原則3か月です（915条1項）。

3か月も考えられれば十分……ではありません。この期間内に、遺言書の有無や内容を確認し、相続人を特定し、さらにプラスマイナスを含め遺産に何があるかを調べなければならないので、かなり忙しいと感じる方が多いはずです。熟慮期間を延ばす、熟慮期間伸長の申立てという手続きもあるにはあるのですが、申立てをすれば必ず認められるというわけではありません。

熟慮期間を過ぎてしまうと単純承認（無限に被相続人の権利義務を承継すること）したものとみなされ、相続放棄ができなくなってしまい

相続放棄をすると、プラスの財産もマイナスの財産も一切相続しません。

ます（921条2号）。

また、次の行為をした場合、単純承認したとみなされ、相続放棄ができなくなります（921条1号・3号）。

・相続放棄をする前に、遺産の全部または一部を処分したとき（保存行為は除く）

例：預貯金の解約、債権の取り立て、不動産や動産の譲渡（遺産から葬儀費用を支出した場合は、「処分」に当たらないとした裁判例もあります）

・遺産の全部または一部を、使い込む、隠す、わざと財産目録中に記載しなかったとき

相続放棄をするときは後順位の相続人に連絡を忘れずに

相続放棄の書類が受理されると、家庭裁判所から「相続放棄申述受理通知書」が、申述した人に送られます。

相続放棄にあたって忘れてはならないのは、**後順位の相続人に「相続放棄をしますよ」とあらかじめ連絡をすること**です。

相続放棄をすると後順位の相続人に相続権が移ることになりますが、これを家庭裁判所が連絡してくれるわけではありません（なお相続放棄者以外に同順位の相続人がいて、その相続人が単純承認する場合、相続放棄者の相続権は後順位相続人に移りません。同順位の相続人の相続分が増えます）。

もし、相続放棄をした人が後順位の相続人に連絡しなかった場合、後順位の相続人は自分が相続人になったことにまったく気がつかないままです。

ある日突然、役所から固定資産税納税通知書を送られて、自身が相続人であることをはじめて知る、といったことになってしまいます。

相続放棄しても借金から逃げられない⁉

借金を引き継がないために相続放棄をする人は多いですが、相続人自身が連帯保証人になっている場合は注意が必要です。

連帯保証債務は、主債務（借金）が消滅すれば合わせて消滅します。ところが、相続放棄は遺産を引き継がないだけで、主債務を消滅させるわけではありません。そのため、被相続人が主債務者（借金した本人）で、相続人が連帯保証人となっていた場合は、相続放棄しても主債務を引き継がないだけで、連帯保証債務は残ります。したがって、連帯保証人として返済しなければならなくなります。

限定承認は相続人全員で行う

「限定承認」は、遺産の範囲内で被相続人の債務や遺贈を支払い、残りがあれば相続する、という制度です（922条）。

遺産から入ってくる額よりも高額の支払いが発生しないので、プラスの遺産とマイナスの遺産のどちらが多いかよくわからない場合などに活用できます。

ただ、**現実的には限定承認はほとんど活用されていません**（最高裁判所事務総局「令和4年司法統計年報」によると、相続放棄は26万497件もあったのに対し、限定承認は696件しかありませんでした）。

あまり活用されていないのは、以下のような理由があるからです。

- **熟慮期間内に財産目録を作成して家庭裁判所に提出しなければならないなど手続きが複雑でわずらわしい**
- **相続放棄はひとりだけでもできるのに対し、限定承認は相続人全員がしなければならない（一部の相続人だけではできない）**
- **単純承認と比べて税金上、不利な扱いを受ける可能性がある**

きほんのき

5 遺産に戻して計算する「特別受益」

特別受益は「えこひいき」？

一部の相続人だけが、相続人から特別に生前贈与を受けたり遺贈を受けたりしていた場合、これを「特別受益」といいます（903条）。

特別受益の種類には次の2つがあります。

①生前贈与

生前贈与のうち「遺産の前渡し」といえる贈与が特別受益になります。

生前贈与が特別受益に当たるためには「**婚姻又は養子縁組のための贈与**」または「**生計の資本としての贈与**」のどちらかに当てはまる必要があります。

・**婚姻又は養子縁組のための贈与**

持参金や支度金は一般的に特別受益とされます。他方、結納金や挙式費用は一般的に特別受益とされません（相続人に対する贈与というより、結納相手の親への贈与や挙式に際して自身のために使った費用とみられるからです）。

・**生計の資本としての贈与**

生計の資本としての贈与とは、生計の基礎として有用な財産の給付を意味しますが、簡単な言い方をすると、生活のために活用される贈与です。したがって、ギャンブルなど遊興費を支払うための贈与は、生計の資本としての贈与に当たらない、とされています。

親子間やきょうだい間には互いに扶養義務があるので（877条1項）、**お小遣いや病気で働けない子どもの生活費など少額であれば扶養義務の範囲内として、定期的な支出によって合計額が大きくなっても特別受益に該当しない、とされることが多いです。**

例えば、父親（被相続人）が、長男には月3万円のお小遣いを10年間渡していて、次男には車を購入する頭金として300万円を一括で贈与した場合、長男のほうがトータルでもらった金額は多いですが、特別受益に該当しないと判断される可能性は高いです。

一方、次男の受けた生前贈与は特別受益となってしまい、遺産に持ち戻して計算することになる可能性もあります。

相続人以外への生前贈与や遺贈は特別受益に当たりません。

生命保険金は、生前贈与や遺贈に当たらないので、特別受益にならないのが原則ですが、例外的に特別受益にあたるケースもあります。236ページで解説しています。

②遺贈

遺言によって遺産の全部または一部を譲渡することです。

生前贈与と違い、**遺贈は目的に関係なく特別受益となります。**条文に記載されていませんが「相続させる」遺言の場合も、特別受益に当たるとしています。

特別受益はいったん戻す

「特別受益」を無視して遺産分割をするのは、他の相続人から見ると「不公平だ」と不満が出てしまいます。

相続人同士の関係を公平にするために、生前贈与を相続分の前渡しと見て、生前贈与を遺産に戻して相続分を計算します。

これを「**特別受益の持戻《もちもど》し**」といいます。

特別受益の持戻しは、計算上のもので、**実際に生前贈与や遺贈を受けた財産の現物を返還させることではありません。**

特別受益がある場合、プラスの相続財産に、特別受益に該当する生前贈与を加算します（この合算財産を「みなし相続財産」と呼びます）。みなし相続財産に各相続人の相続分をかけ合わせて、特別受益者はその額から特別受益分を差し引きます。

もしも特別受益の額が相続分を超えている場合は、特別受益を受けた人は、新たに遺産を取得できないだけで（903条2項）、超過分を返還する必要はありません。

2021年の相続法改正により、特別受益の主張には期間制限があり、相続開始から10年経過するとできなくなります（904条の3）。施行日は2023年4月1日で、これより前に相続が開始された遺産分割にも適用されます。ただし、相続開始から10年または施行日から5年

特別受益の例

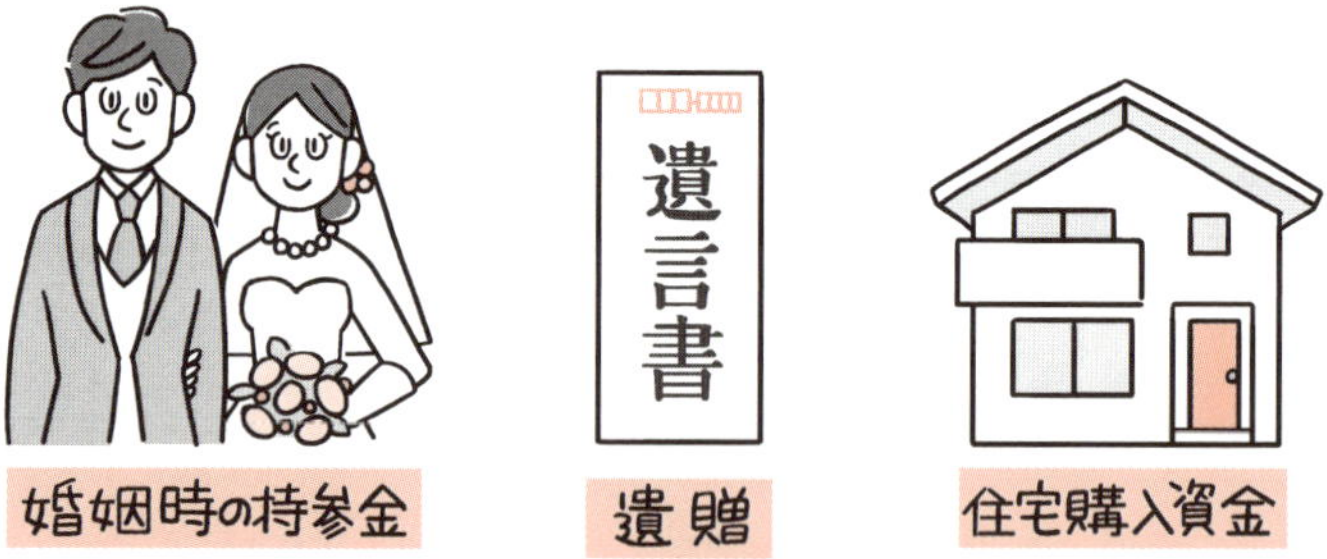

	○ 特別受益にあたる	✕ 特別受益にあたらない
婚姻又は養子縁組のための贈与	持参金・支度金	結納金・挙式費用
生計の資本としての贈与	自宅や車の購入資金、営業資金	生命保険金、死亡退職金、小遣い、入学祝い

「遺産の前渡し」といえる生前贈与のほか、遺言による遺贈も特別受益に当たります。

（2028年3月31日）のどちらか遅い時期まで猶予期間が設けられています。

持戻し免除の意思表示

特別受益に該当する贈与や遺贈であっても、**被相続人がその特別受益を持戻す必要がないと表明していた場合は、持戻し計算はされません**（903条3項）。

この持戻し免除の意思表示の仕方に制限はありません。生前でも遺言でも表明できます。

2018年の相続法改正により、**配偶者（婚姻期間が20年以上）に対して、自宅などの居住用不動産を遺贈または贈与した場合、持戻し免除の意思表示があった、と推定される**こととなっています（904条4項）。

これは居住用不動産に限られ、預貯金などは対象となりません。

また、あくまで推定なので、反対の証拠によってくつがえされる可能性は残っています。

きほんのき

6 「寄与分」は特別な貢献が必要

寄与分とは

ある相続人が被相続人に対して特別なサポートをしていた場合、他の相続人との公平性を保つために、特別に与えられる遺産への持分を寄与分《きよぶん》といいます（９０４条の２）。

寄与分を受けられるのは相続人だけですが、相続人による行為と同じにみなすことができる場合は、相続人の配偶者や子など相続人以外の親族による行為でも、寄与分が認められる可能性があります。

寄与分には５つの類型があります。各類型の内容は１０６ページの表を見てください。

寄与分が認められるハードルは高い

寄与分が認められる要件は、次のとおりです。

・寄与行為をしたのが相続人であること
・「特別の寄与」であること（通常期待される程度を超える程度の貢献であること、その対価や補償を受けていないこと）
・寄与行為によって被相続人の財産が維持、または増加したこと
・寄与行為と被相続人の財産の維持・増加との間に因果関係があること

相続人以外の親族による貢献は特別寄与料（107ページ）**の問題になります。**

寄与行為の対価として、被相続人から生前にお金や物品をもらっている場合は認められません。

また、「特別の寄与」と表現されているとおり、普通の貢献では認められません。特に療養看護型や扶養型の寄与分について相続人が主張することは多いのですが、家庭裁判所は寄与分を認めることに対して厳しい態度を取っています。

民法では「夫婦間の同居・協力・扶助義務」（752条）、「直系血族・兄弟姉妹間の扶養義務」（877条1項）を定めています。

他の相続人よりずっと多く面倒を見ていたとしても、食事の用意をしていた、通院の付き添いをしていたなどというレベルでは、義務の範囲内とみなされ、寄与分が認められるのは難しいでしょう。

また、いくら被相続人の心の支えになっていたとしても、精神的な援助や協力は対象外です。

財産管理型も被相続人の財産の維持または増加に寄与したもののだけが認められます。例えば、被相続人の所有している賃貸不動産を管理して、補修や掃除、滞納督促などの管理行為をしていたため、管理会社に委託せず

寄与分の類型

類型	内容	寄与分の算定方法
家事従事型	被相続人の経営する事業などに従事する場合	(寄与者が受け取れたであろう給与ー生活費相当額)×寄与年数
金銭等出資型	自宅購入資金の援助など財産上の給付をする場合	(給付した財産の相続開始時における価額)×裁量割合
療養看護型	病気療養中の被相続人の療養看護をする場合	療養看護行為の報酬相当額(介護報酬基準など)×看護日数×裁量割合
扶養型	被相続人を引き取って扶養するまたは扶養料を負担する場合	負担額×裁量割合
財産管理型	賃貸物件の管理など被相続人の財産を管理する場合	第三者に委託した場合の報酬額×裁量割合

に済んだ（管理費用がかからなかった）場合などです。

どのような貢献が「特別の寄与」とみなされるかは個々のケースによって異なりますが、「寄与行為」をしていたとしても、被相続人の財産の維持・増加と関係なければ認められません。

このように、**寄与分が認められるハードルは非常に高く、また認められても金額は低額であることが多いです。**

相続人以外の親族の貢献は「特別寄与料」

2018年の相続法改正により、特別寄与料の制度が創設されました（1050条）。**寄与分は相続人だけが対象になり、その他の親族による貢献は、特別寄与料の制度で考慮される**ことになります。

例えば「被相続人の子の配偶者」（つまり息子の妻や娘の夫）が無償で介護を行っていた場合、寄与分の対象にならないのが原則です。しかしその分、介護サービスの利用料がかからず財産を維持できた、など明確な因果関係が認められるときは、特別寄与料の対象になる可能性があります。

特別寄与者が相続の開始及び相続人を知ったときから6か月、または相続開始から1年が経過すると、家庭裁判所への調停や審判の申し立てができなくなりますので、注意が必要です。

きほんのき

7 遺産の分け方は4パターン、3ステップ

遺産の分割方法は、主に次の4パターンです。

①現物分割《げんぶつぶんかつ》……遺産を物理的にそのまま分割する方法です。例えば、Aという不動産は長男に、Bという不動産は次男に渡すといった形で相続します。

②代償分割《だいしょうぶんかつ》……不動産などの財産を取得する相続人が、その財産を取得する代わりに他の相続人に対して金銭などを支払うという方法です。

③換価分割《かんかぶんかつ》……遺産を売却して得たお金を分配する方法です。例えば、不動産を売却し、その売却益を相続人で法定相続分に従って分けるといった方法です。

④共有分割《きょうゆうぶんかつ》……特定の遺産を相続人全員の共有とする方法です。

分割方法は①現物分割→②代償分割→③換価分割→④共有分割の順に検討するのが一般的です。

ただ、遺産の現物はそれぞれ価値（評価額）が異なるため、①現物分割は相続人の間の公平な分配という意味で難しい場合が多くあります。

また、④共有分割はあとになって共有状態の解消をめぐってトラブルとなる可能性があるため、注意が必要です（その場合、裁判による解決を図ることになります）。

実際には、**遺産分割手続では②代償分割や③換価分割がよく使われます。**

換価分割は、評価額が争いにならず、高い額で売却するという目的に向かって相続人全員が協力しやすいこと、固定資産税や不動産業者の仲介手数料などの経費の負担も公平にしやすいことなどから、不動産の分割方法としては最もわかりやすいという面もメリットに挙げられます。換価分割については156ページでも解説しています。

遺産分割協議で話し合って決める

誰がどれくらい遺産を相続するかを決めるのが遺産分割協議です（907条1項）。

遺言があればその内容が優先されますが、相続人全員が合意していれば、遺言と違う内容で分割するのも可能です。ただし、遺言で5年を超えない期間を定めて、遺産分割を禁止できます（908条1項）。

遺言がない場合、あるいは遺言と違う内容で遺産を分割する場合、遺産分割協議を行う必要があります。

遺産分割手続は相続人全員によって行われる必要があり、**相続人が1人でも欠けてしまうと無効となります。**

そのため、誰が相続人なのか、相続人の調査が非常に重要です。よく勘違いされますが、**遺産分割自体には期限はありません。**

ただし、2021年の相続法改正により、**相続開始から10年経過すると、特別受益**（99ページ）**と寄与分**（104ページ）**の主張はできなくなります**（904条の3）。

施行日は2023年4月1日で、これより前に相続が開始された遺産分割にも適用されます。ただし、相続開始から10年または施行日から5年（2028年3月31日）のどちらか遅い時期まで猶予期間が設けられています。

遺産の分け方が決まったら、遺産分割協議書を作成します。

遺産分割協議がまとまらない場合は、調停→審判

もし遺産分割協議がまとまらない場合は、調停へと進みます（907条2項）。

遺産分割調停は家庭裁判所で遺産をどのように分けるか話し合う手続きです。調停手続でも合意に至らなかった場合は、自動的に審判手続に移行します。

審判は話し合いによる合意を目指すものでなく、互いに主張立証を行い、遺産分割の内容は裁判官が判断します。

①遺産分割協議……相続人全員の話し合いによって遺産を分割する
←（まとまらなかった場合）
②遺産分割調停……家庭裁判所での話し合いによって遺産を分割する
←（合意に至らなかった場合）
③遺産分割審判……家庭裁判所が遺産の分割方法を決める

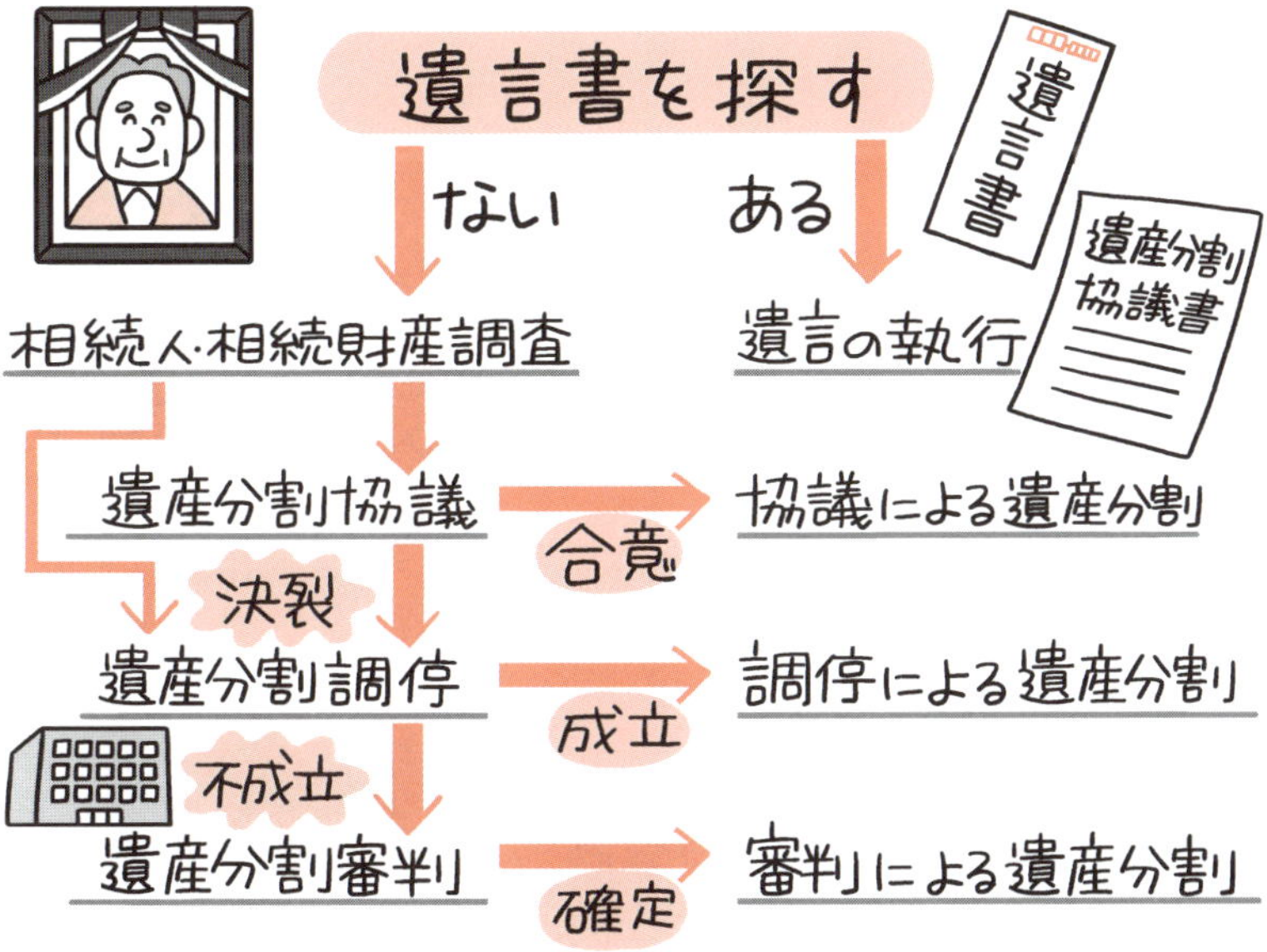

きほんのき

8 「遺留分」とは相続人の最低保障額

本来、被相続人は生前贈与や遺言で自分の財産を自由に処分できます。しかし、他方で、残された遺族の生活保障や、被相続人の財産の形成に遺族が貢献したことも考慮しなければなりません。そこで、被相続人の財産のうち一部は自由な処分に制限が加えられており、その部分のことを「遺《い》留《りゅう》分《ぶん》」といいます。

遺留分は相続人に認められた最低限の財産保障です。

遺産全体の中で遺留分がどれだけあるか（総体的遺留分）は、相続人の範囲によって分かれます。相続人が直系尊属のみの場合は遺産全体の3分の1、それ以外の場合は遺産全体の2分の1です（1042条1項）。

遺留分侵害額請求とは

生前贈与や、遺言によって不公平な相続財産の配分や遺贈があったために遺留分が侵害された場合、相続人は侵害額に相当するお金を請求する「遺留分侵害額請求」を行うことができます（１０４６条）。

遺留分を請求できる、**遺留分権利者は、被相続人の配偶者、子（子の代襲相続人を含む）、直系尊属に限られています**（１０４２条１項）。

被相続人の兄弟姉妹には遺留分の権利がありません。

遺留分侵害額請求権の時効は、**相続の開始および遺留分を侵害する贈与・遺贈があったことを知ったときから1年**と短いため、迅速な対応が必要です。

また、**相続開始から10年**経過した場合も、請求権は消滅します（１０４８条）。

遺留分も放棄できる

遺留分は相続人が必ず受け取らなければならない、というわけではありません。

遺留分は被相続人の生前であっても放棄することができます（１０４９条１項）。

被相続人の生前に放棄する際は、被相続人から放棄を強要されることのないよう、**家庭裁判所の許可が必要です。**

相続開始後の遺留分放棄や遺留分侵害額請求権の放棄は自由で、**家庭裁判所の許可も不要です。**

きほんのき

9 使い込んだお金は「使途不明金」となる

一部の相続人が、無断で被相続人の預貯金口座から出金してしまう、被相続人から財産管理を任されていたが必要以上に出金してしまう、被相続人の死後に被相続人の預貯金口座から出金してしまうなどした結果、他の相続人から払戻金の返還を請求されることがあります。

これは一般的に「使途不明金問題」といわれています。

使途不明金はどうやって調べる?

もし、財産管理をしていた相続人が本当にネコババ（横領）していたとして、本人がそれを積極的に認めたり証拠を出したりすることは普通ないでしょう。

使途不明金が疑わしい場合は、疑っている他の相続人が調査して主張するしかありません。

不審な出金の有無や額などを確認するためには、**金融機関から取引履歴や払戻請求書などを取得しチェックします。**

また、その当時、被相続人が自分で財産管理できる状態だったか、誰が財産管理をしていたのか、などを確認するためには、**市区町村から介護認定記録を取得したり、医療機関から医療記録（カルテなど）を取得したり**しなければなりません。

解決できないときは訴訟も視野に

調査した結果、出金の経緯や払戻金の使途などが疑わしく、財産管理をしていた相続人の説明に納得できなければ、他の相続人は財産管理をしていた相続人に対し、使途不明金を返還するよう求めることになります。

使途不明金問題の解決の流れ

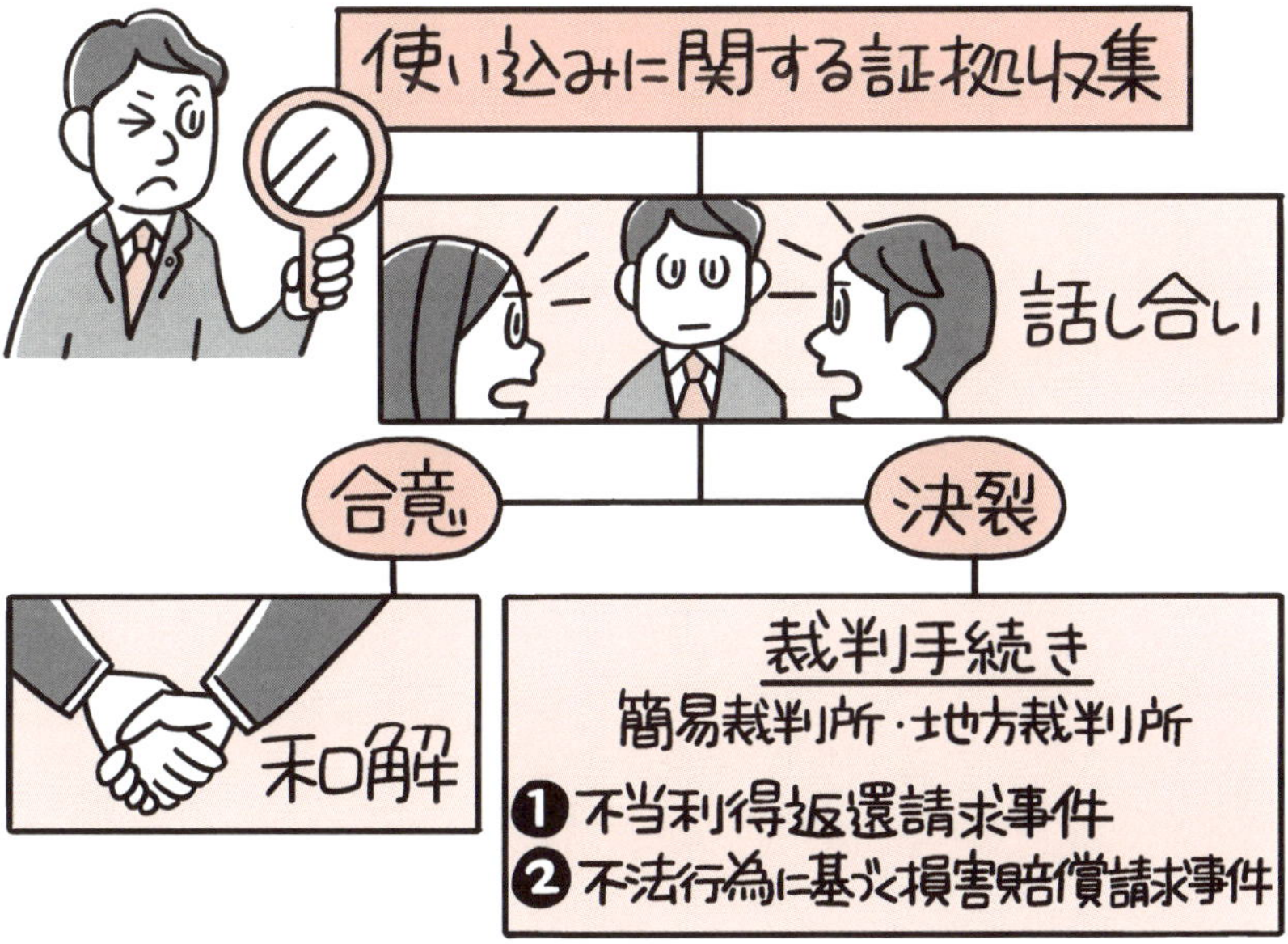

本来、使途不明金は遺産分割手続の対象ではありません。しかし、遺産分割手続でまとめて解決する（遺産からの取り分で調整する）ほうが楽です。そのため、**実際には使途不明金についても遺産分割協議や遺産分割調停で話し合うことが多いです。**

もし、**話し合いで解決できない場合は、裁判を起こすことになります**（使途不明金は、遺産分割審判の対象ではないからです）。

財産のネコババ（横領）は犯罪？

被相続人の財産をネコババすることは、横領罪または窃盗罪に該当する可能性のある行為です（刑法235条、252条）。そのため、警察に言えば捜査してくれるのでは、と考える相続人もいます。

しかし、ネコババしたのが配偶者や直系血族、同居の親族の場合、刑が免除されるという刑法上の規定があります（刑法244条、255条）。これは「親族相盗例《しんぞくそうとうれい》」と呼ばれるもので、「法は家庭に入らず」という考え方から設けられています。

刑を免除するだけなので犯罪としては成立しているのですが、これら親族によるネコババだと刑を科すことができないので、警察に言っても動いてくれなかったという声が聞かれます。

「使途不明金問題」の多くは、民事上の手続きだけで解決を図っていると思われます。

きほんのき

10 被相続人の所得について必要な場合は「準確定申告」を行う

準確定申告とは被相続人の所得税の確定申告のことをいいます。

通常、所得税は、毎年1月1日から12月31日までの分を、翌年2月半ばから3月半ばの期間で申告します。

年の途中で死亡した人の場合は、1月1日から死亡日までの分を、**相続の開始があったことを知った日の翌日から4か月以内に申告します。**

準確定申告で納める所得税は、各相続人が負担するのが原則です。

準確定申告が必要な場合

被相続人が次のどれかに当てはまる場合、準確定申告が必要です（※印は亡くなった年の1月1

日～亡くなった日までの所得に関して）。

・年金収入が400万円を超えていた※
・2か所以上から給与を受け取っていた※
・不動産を売却した
・給与収入が2000万円を超えていた※
・公的年金などにかかわる雑所得以外の所得が20万円を超えていた※
・被相続人が自営業者だった
・メインの給与所得以外に20万円を超える所得があった※
・生命保険などの満期金や一時金があった
・株式などの有価証券を売却した

当てはまらなかったとしても、申告することによって還付金が発生する場合は準確定申告をしたほうがいいでしょう。

準確定申告のやり方

準確定申告書の提出先は被相続人の死亡当時の納税地の税務署です。

相続人が2人以上いる場合、誰か1人の相続人が代表で申告することはできません。**相続人全員が準確定申告書に連名で署名して提出するのが原則です。**

各相続人がそれぞれで提出することも可能ではあるのですが、その場合、申告内容は同一である必要があります。また、他の相続人の氏名を付記し、他の相続人に申告内容を通知しなければなりません。

もし、前年分の確定申告をしないままで、被相続人が死亡した場合は、前年分と本年分の両方の準確定申告が必要となります。この場合、前年分の準確定申告の期限は、本年分の準確定申告と同じく相続の開始を知った日の翌日から4か月以内になります。

期限内に準確定申告をしなかった場合、無申告加算税や延滞税がかかる可能性があります（税率などについては124〜126ページに記載しています）。

準確定申告における所得控除

準確定申告における所得控除の適用については、次のとおりです。

①医療費控除
死亡日までに支払ったものに限られます（死亡後に相続人が支払った分は含まれません）。

②社会保険料控除、生命保険料控除、地震保険料控除など
死亡日までに支払った保険料などに限られます。

③配偶者控除、扶養控除など
適用の有無に関する判定は、死亡日の現況により行われます。

きほんのき

11 遺産が基礎控除額を超えたら「相続税申告」を行う

相続税は、かからない人が9割

遺産を相続したら必ず相続税がかかる、と思っている人がいますが、すべての人に相続税がかかるわけではありません。

相続税申告が必要なのは相続する財産が「基礎控除額」よりも多い場合だけです。相続税のかかるケースは意外に少なく、死亡者数に対する相続税課税件数の割合は、たった9・6％（2022年）しかありません。

つまり、**相続税が課税されたのは、被相続人10人のうち1人です**（相続人10人のうち1人ではありません）。

相続税申告が必要か知るために、基礎控除額を計算してみましょう。

基礎控除の計算上「法定相続人の人数」に含める普通養子縁組の養子は人数制限があります（実子がいるときは1人まで、実子がいないときは2人まで）。実子の人数には制限がありません。特別養子縁組によって養子となった子、配偶者の連れ子で養子となった子などは、実子として扱われます。

相続税の申告

相続税がかかる場合は、申告と納税が必要です。

相続人が2人以上いる場合、相続人全員が連名で申告することが通常です。1つの申告書で提出するほうが申告内容に齟齬《そご》が生じませんし、

相続税基礎控除の計算式

基礎控除額 ＝ 3000万円 ＋ 600万円 × 法定相続人の数※1

基礎控除額 ＞ 相続財産※2 **→ 申告は不要（相続税がかからない）**

基礎控除額 ＜ 相続財産※2 **→ 申告が必要**※3

※1 誰が法定相続人に当てはまるかは、85～89ページを参考にしてください。
※2 課税価格の合計額（遺産やみなし相続財産などから葬儀費用などを控除した額）
※3 控除や特例を使えば相続税がかからない場合も申告は必要です。

同じ税理士に依頼するほうが別々の税理士に依頼する場合より費用が安く済むからです。
ですが、絶対に連名で提出しなければならないわけではありませんので、相続人同士の仲が非常に悪くて同じ税理士に依頼することも受け入れられない場合などには、別々に申告することもあります。

相続税がかからない場合でも、申告が必要なケースがあります。
それは、特例や控除を使用してはじめて相続税が0円になるケースです。
相続税には、以下のような控除や特例があります。

・配偶者の税額の軽減（配偶者控除）……1億6000万円または配偶者の法定相続分のどちらか多いほうを相続財産から控除できる
・小規模宅地等の特例……自宅の敷地等の相続税評価額を最大80％減額できる

相続税申告をしないまま期限を超えてしまうと、これら控除や特例が使えなくなってしまいます。

相続税計算方法の概略

相続税計算は非常に複雑であり、期限も限られているため、慣れていない方が自己判断でするより、プロである税理士に相談するのをおすすめします。
ここではごく簡単に、相続税の計算方法の概略を解説します。

①遺産の総額を把握する
↓
②遺産の総額から控除できるもの（被相続人の債務、葬儀費用など）を差し引き、課税遺産総額を算出する
↓
③課税遺産総額を法定相続分で分けたと仮定し、相続税額の総額を算出する
↓
④実際の相続割合に応じて、相続税額の総額を割り振る

申告期限に間に合わないときは

相続税がかかる場合は、税額を計算し申告します。相続税の納税は、申告した税務署に現金一括で支払います。

相続税の申告は被相続人が死亡したことを知った日（通常は被相続人の死亡日）の翌日から10か月以内にしなければなりません。

しかし、遺産分割でもめるなどしていると、あっという間に時間が経ってしまいます。もしも、申告期限までに遺産分割手続を完了できないからといって申告せずにそのままにしてしまうと、延滞税などペナルティの対象になってしまいます。

遺産分割協議が相続税申告期限までに終わりそうにない場合は、**「申告期限後3年以内の分割見込書」を添付したうえで法定相続分に基づいて申告・納税し、遺産分割手続後に実際の取得額に基づいて「修正申告」または「更正の請求」を行います。**そうすれば、10か月の申告期限を過ぎても、配偶者の税額の軽減（配偶者控除）や小規模宅地等の特例の適用を受けることができます。

相続税の申告漏れなどに対する利息・ペナルティ

期限内に申告しなかった場合や、実際に取得した額より少ない額で申告した場合には、無申告加算税、延滞税、過少申告加算税、重加算税などのペナルティが発生します。

無申告加算税

期限までに申告をしなかった際に課されます。

【税率（2024年1月引き上げ）】

・納付すべき税額のうち50万円までの部分　15％

・納付すべき税額のうち50万円を超え300万円までの部分　20％
・納付すべき税額のうち300万円を超える部分　30％
ただし、ケースによっては、無申告加算税が課されない、加算または軽減されることもあります。

延滞税

原則として、法定納期限の翌日から納付日までの日数に応じて、自動的に課されます。
金利低迷により2024年5月現在は原則よりも低い利率が課されています。

【税率】
・納期限の翌日から2か月を経過する日まで　現在2・4％（原則7・3％のところ）
・納期限の翌日から2か月を経過した日以降　現在8・7％（原則14・6％のところ）
無申告加算税と延滞税の両方が課されることがあります。延滞税は加算税に対しては課されません。

過少申告加算税

期限までに相続税を申告したものの、納めた税金が不足していたときに課されます。ただし、税務署の調査を受ける前に自主的に修正申告した場合は課されません。

【税率】
・税務調査の事前通知～税務調査の前日まで
追加納税額のうち当初申告した相続税額または50万円のいずれか多いほうの以下の部分　5％
追加納税額のうち当初納税額と50万円のいずれか多いほうを超える部分　10％
・税務調査以降
追加納税額のうち当初申告した相続税額または50万円のいずれか多いほうの以下の部分　10％
追加納税額のうち、当初納税額と50万円のいずれか多いほうを超える部分　15％

重加算税

意図的な税金逃れなど特に悪質な場合に課されます。

【税率】
・過少申告　35％
・無申告　40％

きほんのき

12 不動産を相続したら「相続登記」を行う

相続登記《そうぞくとうき》は相続人の義務

相続登記とは、被相続人が所有していた不動産について、登記上の名義を相続人に変更することです。

相続登記がされないため、登記を見ても所有者がわからないという不動産が全国で増えてしまい、社会問題となっていました。そこで、不動産登記法が2021年に改正され、2024年4月1日から相続登記が義務化されました。

不動産を相続で取得したことを知った日から3年以内に相続登記しない場合、10万円以下の罰金（過料）が科される可能性があります。

この制度は２０２４年４月１日より前に相続した不動産も対象ですが、３年間の猶予期間（２０２７年3月31日まで）があります。

もし放置していた不動産がある場合、猶予期間内に解決しておきましょう。

相続登記の方法

不動産の相続登記は、登記申請書と必要書類を用意して不動産の所在地を管轄する法務局に申請します。

必要書類が多く手続きが面倒なため、司法書士や弁護士に頼むのがおすすめですが、相続人が自分で手続きをすることも可能です。

自分で手続きをする場合は、登録免許税（不動産の固定資産税評価額の０・４％）以外の費用はかかりません。

登記が完了したら登記識別情報を受け取ります。これは次回の登記申請の際に使用される本人確認手段の１つで、12桁の無作為の文字列からなっています。

かつての「権利書」と同様、売買や贈与などの際に必要になりますので、大切に保管します。

すぐに登記できないときは相続人申告登記

相続登記が義務化されたからといって、遺産分割手続が終了していないなどの事情ですぐには登記できないケースも多いでしょう。

期限内に相続登記ができない人のために簡易な方法として**「相続人申告登記」**という制度が用意されています。

相続人申告登記は所有権の登記名義人について、相続を開始したことと、自らがその相続人であることを3年以内に申し出ればよいです。

手続きは相続人単独でできますし、代理申出、オンラインでの申出も可能です。

相続人申告登記をすることで相続登記の義務を果たしたことになり、申し出をした相続人は、登記に付記されます。

ただし、**相続人申告登記をしても、遺産分割手続完了後の登記義務は残ります。**

相続 ここにも気をつけて

② まったく気付かずに連帯保証人になることも

97ページで紹介している、相続人が被相続人の連帯保証人になっているケースのほかにも、相続人がまったく気付かずに連帯保証人になってしまうことがあります。

例えば、特に借金のなかった母親が、大きな借金をしていた父親の連帯保証人になっていて、先に他界した母の遺産を単純承認して相続した場合、あとから亡くなった父の遺産を相続放棄しても母の連帯保証債務は引き継いだままなので、請求がきてしまいます。

思いもしない借金を背負わないためにも、被相続人の契約状況にはくれぐれも注意を払う必要があります。

第4章

あとでもめない、あとで困らない、遺産分割の進め方

相続でもめる原因の多くが「遺産分割」です。
普段仲がよい親族でも「あちらのほうが取り分が多い」となれば、内心穏やかではいられなくなるものです。
遺産分割がうまくいかなかったために、
一生いがみ合うことになってしまった親族も少なくありません。
もめない、困らないために、
公平で納得感のある遺産分割の進め方を知っておきましょう。

もめない

1

遺言書の有無と内容を調べる

遺産分割は、遺言の内容によって相続人や遺産の範囲、相続分（遺産に対する持分）などが変わってきます。遺言書どおりに相続する場合は、遺産分割協議や遺産分割協議書が不要になることもあります。そのため、何よりも最初に、遺言書の有無をチェックすることが大切です。

ただし、被相続人が重い認知症などによって遺言をするのに必要な判断能力（遺言能力）がなくなっていた場合、遺言書はあったとしても無効になります。

また、相続人が遺言書を捨てたり偽造したりすると、相続欠格《そうぞくけっかく》となり、相続権をはく奪されます（891条5号）。

遺言書探しの第一歩は公証役場への問い合わせ

遺言書を探す第一歩は公証役場《こうしょうやくば》への問い合わせです。

公証役場で公証人（※134ページ）が筆記する遺言である公正証書遺言は、日本公証人連合会によると2023年は11万8981件も作成されている、比較的メジャーな方法です。

公正証書遺言の有無と保管場所は、全国の公証役場で確認できます。

全国の公証役場で1989年以降に作成された公正証書遺言の情報は遺言情報管理システムで管理されており、**全国どこでも、公証役場で公正証書遺言の有無や保管している公証役場が検索できるのです。**

遺言検索の申出には、遺言者の死亡した事実を証明する書類（除籍謄本《じょせきとうほん》など）などが必要となります。

公正証書遺言があるとわかったら、遺言書の正本または謄本を保管している公証役場から取り寄せます。

以前は「利害関係を有する者またはその代理人」が、原本を保管する公証役場に直接足を運んで請求、取得するのが原則でしたが、2019年4月1日からは、保管する公証役場が遠隔地の場合には、最寄りの公証役場で手続きをして、郵送で請求することができるようになっています。

なお、**公正証書遺言は家庭裁判所の検認手続が不要です**（1004条2項）。

※公証人は国家公務員法上の公務員ではありませんが、法務大臣が任命しており、公務を担っている実質的な公務員です。公証人は全国で約500名おり、公証役場は約300か所あります。

自筆証書遺言は勝手に開けてはいけない

公正証書遺言の他に自筆証書遺言も探すことになります。

自筆証書遺言は、遺言者が自筆で作成する遺言で、家庭裁判所の検認手続の件数から年間約2万件程度存在していると推測できます。決して少ない数字ではありません。

自筆証書遺言は保管場所の指定がないため、誰かが被相続人から預かっていない場合は、自宅の金庫、机、タンスなど、被相続人の身の回りの保管場所を確認することになります。もし複数の遺言書があった場合は、遺言書の種類に関係なく、最新のものが優先されます。

ところで「家で遺言書を見つけても開けてはいけない」と聞いたことはありませんか？

自筆証書遺言は、見つけても勝手に開封してはいけません。保管者または発見者が家庭裁判所へ検認を請求するのが原則です（1004条1項）。

もしも自筆証書遺言を検認する前に開封してしまったら無効になってしまう……なんてことはありません。

誤って開封してしまっても、遺言の効力には影響はありません。しかし、5万円の過料に処される可能性はあります（1005条）。

遺言書の検認請求の流れは以下のとおりです。

①申立書と添付書類（遺言者の出生から死亡までのすべての戸籍謄本など）を、遺言者の最後の住所地を管轄する家庭裁判所へ提出します。

↓

②家庭裁判所が検認期日を相続人に通知します。なお、申立人以外の相続人が出席するかは自由です（欠席しても検認手続は実施されます）。

↓

③申立人が検認期日に家庭裁判所へ遺言書を提出します。申立人や他の相続人の立会いのもと、

裁判官が遺言書を開封して検認します。

↓

④検認手続終了後、検認済証明書の申請をして、同書を受け取ります。

2020年7月10日から、法務局で自筆証書遺言を保管する「**自筆証書遺言書保管制度**」がスタートしています（法務局における遺言書の保管等に関する法律）。

この制度を利用している場合は検認手続が不要となります。

相続人は法務局に遺言書の閲覧や遺言書情報証明書（遺言者の氏名・出生年月日・住所・本籍・目録〈財産目録〉を含む画像情報が表示されるもので、遺言者の内容の証明書となるもの）の交付請求をすることができますが、誰かが遺言書の閲覧や遺言書情報証明書の交付を受けた場合、他の相続人全員に関係遺言書保管通知が送られます。

遺言書の閲覧は、原本を閲覧する方法のほかに、モニターで閲覧する方法もあります。モニターで閲覧する場合は、全国の法務局で行うことができます。なお、閲覧や交付請求には予約が必要ですので、注意してください。

また、遺言書情報証明書の交付請求は郵送でも可能です。

もめない

2 相続人を調査する

被相続人の戸籍を調査する

相続人を調査するためには、**まず被相続人の出生から死亡までの連続した戸籍謄本など（※）を取得しなければなりません**（※他に除籍謄本、改製原戸籍謄本《かいせいはらこせきとうほん》など）。

一般的に戸籍は、出生により父母の戸籍に入り、婚姻によって新たに夫婦の戸籍に入るなど、いくつかの戸籍に記録されることになります。

被相続人の一時期の本籍地しかわからないときは、戸籍謄本などの記載内容から、前後の本籍地のある市区町村を調べます。

戸籍は本籍地のある市区町村で管理されていますので、転籍や婚姻などによって新たな市区町村に本籍地を置いた場合は、本籍地のあったすべての市区町村に戸籍謄本などを請求しなければなりません。

遺産分割協議は、相続人が1人でも欠けると成立しませんから、すべての相続人を把握できるようにしなければなりません。

被相続人の生まれてから死ぬまでの戸籍を調べれば、再婚の有無、前の配偶者との間の子や、いわゆる隠し子なども明らかになるのです。

住所不明の相続人がいる場合、戸籍の附票または住民票を取得して住所を調べることになります。

戸籍、除籍、改製原戸籍の違いは、次のとおりです。

- **戸籍……出生から死亡までの身分関係を登録・証明するための公簿※です。**
- **除籍……戸籍に記載された人が全員除かれた場合の戸籍です。**
- **改製原戸籍……1957年と1994年の各法務省令による様式変更で書き換える前の戸籍です。**

※法令に基づいて官公署が作成し、常に備えておく帳簿のこと。

1994年の法務省令による改製で、紙の帳簿からコンピュータの電子データへ管理方法が変更され、縦書きから横書きになりました。かつての戸籍は手書きだったので、中には達筆すぎて記載内容の判読が大変なものもあります。

相続関係図を作成する

戸籍謄本などが揃ったら、**相続関係図（相続関係説明図）**を作成します。相続関係図とはいわゆる家系図のようなもので、被相続人と相続人の情報をひとつの図にまとめたものです。

相続関係図の作成は義務ではありませんが、相続人同士の関係性を理解するのに役立ちます。弁護士や税理士などに説明する際にも便利です。

取り寄せた戸籍謄本などの数が膨大なときは、第1章（39ページ）で紹介した、「法定相続情報一覧図」の申請・交付を検討しましょう。

法定相続情報一覧図について

法定相続情報一覧図は相続関係図と同じく被相続人の相続関係を表している書類です。この写しを法務局から発行してもらうことで、**戸籍謄本などの束の代わりとして、相続税の申告書への添付や、被相続人の死亡に起因する各種年金等の手続きでも利用できます。**

以前は、ある窓口に戸籍謄本などの束を提出して返却してもらい、また次の窓口に戸籍謄本などの束を提出して返却してもらう……といったことを繰り返す必要がありました（戸籍謄本などの束を複数作れば各窓口で同時に手続きできますが、その分、戸籍謄本取得などの手数料がかかってしまうので、あまり現実的ではありません）。

この負担を軽減するため2017年5月29日にスタートしたのが「**法定相続情報証明制度**」です。この制度により、**戸籍謄本などの束の代わりに法定相続情報一覧図の写しを使うことができる**ようになりました。

法定相続情報一覧図の写しは法務局の窓口で交付してもらえます。交付を受ける際は、戸籍関係の書類一式と、作成した法定相続情報一覧図、「法定相続情報一覧図の保管及び交付の申出書」を合わせて提出します。

その内容を法務局で確認して、法定相続情報一覧図に認証文がついた「写し」が発行されます。

法定相続情報一覧図は相続関係図と同じ内容となることがあります。ただし、法定相続情報一覧図は万能ではありません。

相続放棄や相続欠格があった場合でも、その人を相続人として記載することになります。さらに、被相続人や相続人が日本国籍を有しない場合は法定相続情報一覧図の作成はできないことになっています。

そのため、これらの事情がある場合は、法定相続情報一覧図は相続関係図の代わりにならず、別途、相続関係図を作成しなければならなくなります。

万能ではありませんが、便利なので、あらかじめ金融機関などへ提出する枚数分を取得しておくことをおすすめします。

法定相続情報一覧図の作成例

被相続人　法務太郎　法定相続情報

最後の住所
○県○市○町○番地
最後の本籍
○県○市○町○番地
出生 昭和○年○月○日
死亡 令和○年○月○日
(被相続人)
法務 太郎

住所 ○県○市○町○番地
出生 昭和○年○月○日
(長女)
法務 優子 (申出人)

住所 ○県○市○町○番地
出生 昭和○年○月○日
(妻)
法務 花子

以下余白

作成日：令和○年○月○日
作成者：住所 ○県○市○町○番地
氏名 法務 優子

法務省公式ホームページで公開のサンプルより作成。法務局に戸籍謄本などと合わせて提出し、認証されると、登記官の氏名・印鑑、法定相続情報番号が印字された「法定相続情報一覧図の写し」として交付されます。

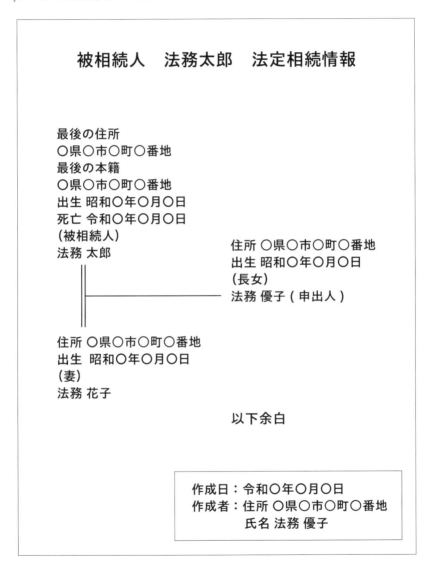

相続放棄・廃除・相続欠格を調べる

遺産分割から相続人ではない人を除外するため、相続放棄した人、廃除された人、相続欠格となっている人の確認も重要です。

・相続放棄した人の確認

相続人の中に相続放棄したか不明の人がいる場合は、被相続人の最後の住所地を管轄する**家庭裁判所に相続放棄申述受理の有無を照会**し、必要であれば相続放棄申述受理証明書を取得します（相続放棄した本人以外にも、利害関係人であれば取得できます）。

・被廃除者の確認

被廃除者かどうかは**戸籍謄本から確認できます。**

・相続欠格者の確認

相続欠格は戸籍に記載されないので、相続人の中に相続欠格者がいるかどうかは、**他の相続人に問い合わせて確認をする**しかありません。

※廃除、相続欠格については278ページで解説します。

もめない

3 遺産を調査する

不動産の調べ方

所有不動産が判明していない場合

被相続人の所有している不動産のすべてが判明していない、または未登記不動産（建物）がある場合は、**市区町村で「名寄帳《なよせちょう》」の閲覧謄写《えつらんとうしゃ》をする**ことで把握できます。

ただし、異なる市区町村に不動産を所有していた場合は、各市区町村で手続きをする必要があります。

不動産には固定資産税がかかるので、市区町村から送付される固定資産税納税通知書でも確認できます。

名寄帳や固定資産税納税通知書などで被相続人の所有している不動産の所在がわかれば、法務局で登記情報を取り寄せて詳しい情報を確認します。

【所有不動産記録証明制度】

2021年の不動産登記法改正により「所有不動産記録証明制度」が新設されました。2026年2月2日に開始される「所有不動産記録証明制度」を利用すれば、被相続人名義の不動産全部を法務局で確認できるようになります。

この制度では、登記上、被相続人が所有権の登記名義人となっている不動産をリスト化して証明することとなっています。

活用が期待される制度ですが、検索上必要となる登記上の氏名や住所が最新のものとは限らないため、検索結果に漏れが生じる可能性も指摘されています。

所有不動産のすべてが判明している場合

被相続人の所有している不動産の所在がすべて判明している場合は、法務局で登記事項証明書を取得して内容を確認します。

ただし、未登記不動産（建物）は除きます。

不動産登記に記載されている土地地番や家屋番号は、いわゆる住所とは異なるので注意が必要で

す（日ごろ私たちが使用している住所〈住居表示〉は、表示をわかりやすくするため住居表示に関する法律に基づいてつけられたものです）。

土地地番は以下の方法で調べることができます。

- **法務局に電話で問い合わせ（地番照会）**
- **法務局などに備え付けのブルーマップ（住居表示地番対照住宅地図）または地番図**
- **インターネット上の登記情報提供サービス（地番検索サービス）**
- **固定資産税の納税通知書**

土地地番がわかれば家屋番号も確認できます。

預貯金の調べ方

預貯金を調べるには口座のある（あると思われる）金融機関すべてに問い合わせ、「全店照会」や「残高証明書」「取引履歴」の請求をします。

口座の取引履歴（特に振込先）を見て、他の口座の存在を確認できることがあります。

口座を照会する手続きは、金融機関ごとに個別に行わなければならないうえ、郵送での手続きに原則、対応をしていない金融機関もあります。

また、金融機関によってそれぞれ独自の書式を使用するため、手間や時間が非常にかかってしまいます。

なお「**預貯金口座付番制度**」が2018年1月に開始されており、金融機関へマイナンバーを届け出ることができます。

これによって、2024年末ころ（予定）以降、**1つの金融機関の窓口でマイナンバーが付番されたすべての口座の所在を確認できるようになります。**

将来的には、被相続人が生前にこの手続きをしていれば、相続人は口座があるかどうかわからない状態で手当たり次第に金融機関に問い合わせる必要がなくなります。

有価証券（株式、投資信託など）の調べ方

上場会社の株式や投資信託

被相続人の口座のある証券会社・信託銀行がすべて判明している場合は、**各証券会社・信託銀行に請求する**ことで内容を確認できます。

証券会社の全部が判明していない場合は、**証券保管振替機構に登録済加入者情報の開示請求をする**ことで、口座のある証券会社が判明します。

非上場会社の株式

証券会社や証券保管振替機構への開示請求では対応できないため、株主総会招集通知といった郵便物などを確認して、当該の会社に確認します。

借金、連帯保証の調べ方

金融機関からの借金や連帯保証であれば、信用情報機関への情報開示請求で判明します。信用情報機関は、指定信用情報機関のCIC、JICC（日本信用情報機構）、全国銀行個人信用情報センター（全国銀行協会）が挙げられます。一方、個人からの借金や連帯保証は、信用情報機関への情報開示請求ではわかりません。契約書や郵便物、メール、通帳などを見て確認します。ただし、連帯保証債務の場合、主債務者が問題なく弁済していると、郵便物やメール、通

被相続人の個人からの借金や連帯保証は、郵便物、通帳などを見て確認します。

帳などにも表れないことが多いです。

動産の調べ方

遺産の中でも数が多いのが「モノ」です。個人の所有物すべてを遺産分割手続によって分けるのは現実的ではありません。

金銭的価値の低いものは、形見分けで配分されることも多いです。

一方で、**自動車や貴金属、絵画・刀剣類・壺といった美術品・骨董品など、一定以上の価値がある動産については、遺産分割手続の対象となるため、目録を作成するなどして特定しておきます。**

被相続人の動産は自宅に保管されていることが多いので、被相続人と同居していた人や被相続人を世話していた人など、動産を保管していたり在り処を把握している人の協力が不可欠です。

また、中には価値がないばかりか、処分に費用が発生する動産もあるでしょう。

処分費用について協議する必要がある場合は、遺産分割手続で相談することになります。

貸金庫の開扉

貸金庫には通帳などの重要書類や実印、宝石などの貴金属が預けられている可能性がありますので、もし被相続人が貸金庫を利用していた場合は、遺産分割手続の中で貸金庫を開扉して確認することになります。**貸金庫の開扉には相続人全員の同意と立会いが必要です**（相続人の一部のみが貸金庫の開扉を求めても、通常、銀行は拒否します）。開扉した際には、写真の撮影、リスト作成など、何が入っていたかを特定できるようにしておく必要があります。

遺産分割協議に向けて「遺産目録」を作りましょう

遺産目録とは、どんな遺産があるか、種類ごとに書き出したものです。

遺言書にすべての遺産が記載されている場合もありますが、一部しか記載されていないことも珍しくありません。

遺産分割協議のベースになる資料として、プラスの財産とマイナスの財産を漏れなく記入しておきましょう。

遺産目録には決まった書式はありませんが、不動産や預貯金などの大枠の項目に分け、できるだけ具体的に書くのがおすすめです。巻末（２９４ページ）のチェックシートも、ぜひお役立てください。

もめない

4 遺産を評価する

いつの価格で評価するか──遺産の評価時期について

40ページで預貯金の手続きの面倒さについて触れましたが、他にも金融資産には、投資信託や株式などさまざまなものがあります。

土地や住宅、山林などの不動産、骨董品や自動車などの動産は、相続にあたってその価値を評価しなければなりません。

財産を金銭に換算したらいくらになるのか、価値を調べることを「評価する」といいます。

遺産を評価する目的は、遺産を公平に分けるためです。価値がわからなければ公平に分けることはできません。

預貯金や現金はそのままの価格ですが、その他の遺産は、「お金に換算していくらになるか」を評価しなければなりません。**評価時点は、相続開始時でなく、遺産分割時が原則です。**

相続開始時の評価とすると、分割時に価値の下がった遺産を取得する相続人と価値が変わらないまたは上がった遺産を取得する相続人との間で不公平になるためです。

不動産は時価で評価する

売却せずに現物分割を行う場合や代償分割を選択する際、遺産の正確な価値を知ることが必須です。**不動産は、実際に取引された額（実勢価格）を基準に、土地と建物それぞれ別々に評価するのが一般的です。**

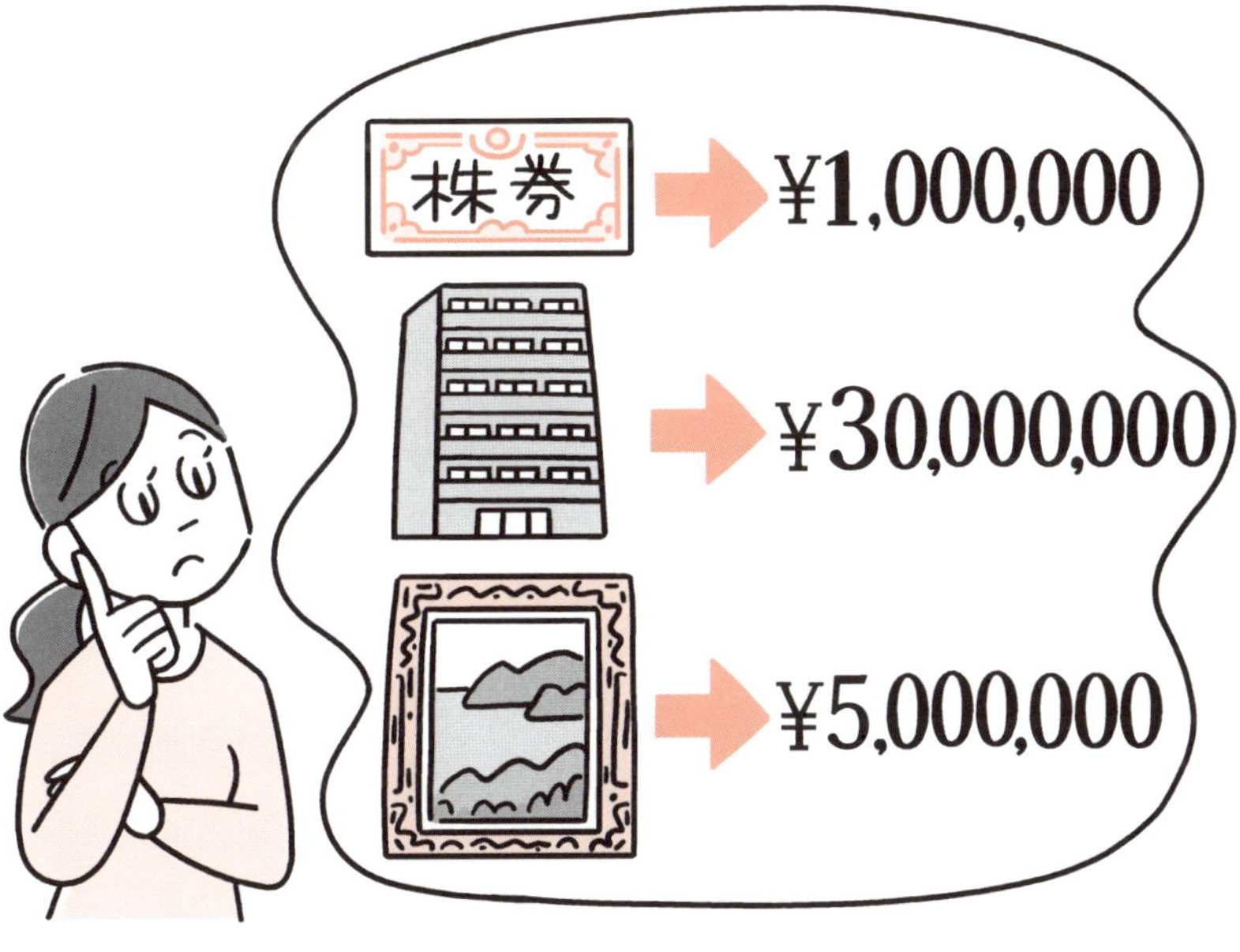

実勢価格を知るために、不動産業者に査定してもらう方法もあります。

周辺の不動産の実勢価格や状態などから専門家が評価するので、一定の信頼感を得やすいですが、不動産業者によって評価に差があります。

依頼する人の意向に沿って偏った査定内容が出る可能性もあれば、不動産業者が単純な誤りをしてしまっているおそれもあります。実際、私が担当した案件で、査定をした地元の大手不動産業者が、セットバック義務（簡単にいうと、接している道路幅が不足している場合に、道路側に建物を建てられなくなる義務です）を見落として、相場よりかなり高い査定額を出してしまい、いざその不動産業者に売却を仲介してもらおうとなったところ、誤りに気付いた不動産業者が連絡もとらず逃げてしまった、ということもありました。

その不動産業者が特に信頼できる、というわけではない場合、複数の不動産業者に査定を依頼する、相続人全員で査定を依頼する不動産業者を選ぶ、などの配慮をする必要があります。

また、田舎の田畑や山林など、そもそも買い手がいないと思われる不動産は査定ができませんし、条例の適用など査定段階では調査していない要因によって価値が変動する可能性のある不動産もあります。

なお、不動産鑑定士に鑑定依頼する方法もありますが、数十万円以上の費用がかかるため、分割協議段階で利用するケースはあまりありません。

不動産評価の基準は1つではありません。

・時価（実勢価格）：実際に取引された価格
・公示価格：国土交通省（土地鑑定委員会）が公示する価格
・基準価格：都道府県知事が公表する価格
・固定資産税評価額：固定資産税等の基準となる価格
・相続税評価額（路線価）：相続税等の基準となる価格

相続税評価額（路線価）や固定資産税評価額を参考にすることはありますが、そのままでは実勢価格と乖離《かいり》する可能性があります。

よく使われるのは、次の計算式に当てはめる方法です。

・土地の評価……「固定資産税評価額÷0・7」または「相続税評価額÷0・8」
・建物の評価……「固定資産税評価額」（建物の相続税評価額は固定資産税評価額と同額）

算出された額が時価と乖離していないか、周辺の取引価格と比較して確認しましょう。

ただし、遺産がマンションの場合はこの方法が使えません。同じ建物の別の部屋の取引価格を参考にするのがいいでしょう。

2024年4月1日、国土交通省が**不動産情報ライブラリ**の運用を開始しました。このサイトで公示価格や基準価格のほか、不動産取引価格情報、成約価格情報も確認できます。

不動産が農地や山林の場合は資産価値がないことが多いので、固定資産税評価額そのままを用いるのが一般的です。

株式は分割時の市場価格で評価する

上場株式は、分割時に最も近い時点での取引価格、または一定期間の株価の平均額を利用します。

非上場株式は、統一的な計算方法がありません。相続税評価額を使用する方法のほか、会社の純資産価額を発行済株式数で割った額（純資産方式）や、会社と類似する業種の事業を営んでいる上場企業を比較して算定した額（類似業種比準方式）を使用するなどの方法があります。なお、鑑定（公認会計士が鑑定するのが一般的です）という方法もありますが、費用が非常に高額となるので利用は多くありません。

その他の動産は専門家に鑑定を依頼する

遺産の中でも「モノ」を公平に分けるには、その価値を正確に把握し、適切に評価することが重要です。

すべての相続人がはじめから同じ意見であることが理想的ですが、意見の相違がある場合は、トラブルを避けるためにも、専門家の評価を参考にしましょう。

自動車や高級時計など、中古品の価格がインターネットサイトに掲載されている場合はその平均額を使うのが一般的です。

絵画や骨董品など、インターネットサイトに掲載されていないものは、美術商や古美術商などに評価してもらうなどの方法が考えられ、来歴が不確かなものは真贋《しんがん》の鑑定も必要となります。

査定額について相続人の間で意見が分かれる場合、複数の査定をベースに話し合い、中間値を取ることが一般的です。

事前に複数の専門家に相見積もりを取り、その平均値を評価額とすることで、相続人間の不公平感を最小限に抑えることができます。

もめない

5 遺産を換価（売却）する

不動産は共有状態で換価する

遺産の中に不動産があり、相続人が誰も取得を希望しない場合、遺産分割手続き中に売却する（換価分割）のが一般的です。 換価分割の他に共有分割という方法もありますが、共有分割はあとになって共有状態の解消をめぐってトラブルとなる可能性があるので、あまりおすすめできません。

遺産分割で特定の相続人が取得してからでないと売却できないと勘違いしている人もいますが、それだと評価額でトラブルになってしまう可能性が高いうえ、不動産を取得した相続人が売却までの固定資産税や仲介手数料などの経費も負担することになりやすいです。

そこで、遺産分割手続中に相続人全員が売り主となって売却するといった方法があります。

売却後の利益を遺産とすることで、不動産の評価方法が争点となることを回避できますし、不動産の管理費用負担から解放されるなどのメリットがあります。

売り出し価格の設定や値下げなどは相続人全員の利益に直結するため、方針をあらかじめ合意しておきましょう。

また、売却益について、相続人の1人が保管して他の遺産と合わせて精算するか、ひとまず相続人で分配するか、についても調整する必要があります。

建物は古家《ふるや》となると価値がないばかりか解体費用がかかるため、売り出し価格を下げる要因となりますが、固定資産税評価額では古家であっても一定の金額が算出されます。

ただ、不動産を売却した場合は不動産譲渡所得税が課される一方で、「被相続人の居住用財産（空き家）に係《かか》る譲渡所得の特別控除の特例」という大きな控除もありますので、実際に売却手続に入る前にあらかじめ税理士へ確認することをおすすめします。

もめない

6 遺産を分割する

遺産分割には相続人全員の合意が必要

評価額の合意や換価によって遺産目録が更新され、最終的な金額が算出されたら、それをもとに遺産を分割します。

遺産分割協議は相続人全員の合意が必要です。どんな理由であれ、相続人全員が同意しなければ、遺産分割協議は成立しません。

また、相続人全員の同意があれば、遺言と異なる内容の遺産分割をすることも可能です。

相続放棄はもちろんですが、相続分の放棄や相続分の譲渡があった場合も、遺産分割協議に放棄者・譲渡人の同意は不要です。

相続分の放棄や相続分の譲渡がある場合は、相続分放棄証書や相続分譲渡証書を作成しておきます。

これは後々トラブルになるのを防止するためだけでなく、不動産の名義変更手続や預貯金の解約手続などにも使用します。

相続分の放棄とは

相続分は放棄することができます。相続分の放棄をした場合、放棄者の相続分は他の各相続人に分配され、放棄者本人は遺産分割手続から離脱することになります。

相続分の譲渡とは

相続分は他の相続人に譲渡することができます(905条1項)。相続分の譲渡をした場合、譲渡人の相続分は他の各相続人に分配されるのではなく、譲受人《ゆずりうけにん》のみ相続分が増えることになります。

なお、譲受人は相続人に限らず、内縁の配偶者など第三者でも構いません。しかし、第三者に譲渡するケースはあまりありません。

相続分の放棄や相続分の譲渡における債務については、282ページを参照してください。

遺産分割協議書を作成する

遺産分割協議が成立したら、遺産分割協議書を作成します。

遺産分割協議書の書式は決まっていませんが、不動産の名義変更や預貯金の解約などに使用するので、記載内容をわかりやすく整えておきましょう。

相続人全員の住所と氏名を記載し、さらに印鑑登録した実印を押します。押印する印鑑が認印であっても遺産分割協議書として有効ですが、認印だと誰でも用意できるため、遺産分割協議書のみによる預貯金の解約手続きなどは金融機関から拒否されるおそれがあります。

そのため、**押印は実印で行い、遺産分割協議書に印鑑登録証明書を添付するのが一般的です。**

遺産分割協議が成立したとしても、相続人全員が合意すれば、やり直しは可能です。逆に、一部の相続人が遺産分割協議での約束を守らなかったとしても、他の相続人が遺産分割協議のやり直しを求めることは難しいです。例えば、相続人Aが遺産のうちでも大きな財産である不動産を相続する代わりに、相続人Bに1000万円を支払うとの内容で遺産分割協議が成立していたが、Aがいっこうに1000万円を支払おうとしないケースでは、BはAが約束を守らないために遺産分割協議を解除してやり直しを求めることができない、ということになります。

遺産分割協議書の記載例

遺産分割協議書

被相続人　学 研太郎（令和◯年◯月◯日死亡）
生年月日　昭和◯年１月１日
本籍 東京都太田区南五反田◯丁目◯―◯
最後の住所 東京都太田区北五反田◯丁目◯―◯

上記被相続人　学 研太郎の死亡により開始した相続について、被相続人の長女 学 研直子、被相続人の長男 学 研一郎、被相続人の次男 学 研二郎の相続人全員が遺産分割協議を行い、本日、次のとおり遺産分割協議が成立した。

1. 学 研直子は次の預金口座を相続する
◯◯銀行北五反田支店　普通預金　支店番号 777 口座番号 7654321

2. 学 研一郎は次の株式証券を相続する
株式会社◯◯コンサル　株式 20,000 株

3. 学 研二郎は次の預金口座を相続する
◯◯クラウド銀行 ネット支店　普通預金　支店番号 888
口座番号 8765432

4. 相続人全員は本協議書に記載のない遺産及び、後日判明した遺産については、被相続人の次男 学 研二郎が相続することに同意した。

上記のとおり協議が成立したので本協議書を３通作成し、署名押印の上、各相続人が1通ずつ所持する。

令和◯年◯月◯日

東京都太田区南五反田◯丁目◯―◯
学 研直子 実印
東京都世田川区長城◯丁目◯―◯
学 研一郎 実印
東京都太田区北五反田◯丁目◯―◯
学 研二郎 実印

※相続人の氏名は直筆での署名が必要です。

もし
もめたら

7 遺産分割協議がまとまらないときは「調停」「審判」

遺産分割協議がまとまらない場合は、家庭裁判所での「調停」、「審判」と進みます（907条2項）。裁判所の「裁判の迅速化に係《かか》る検証に関する報告書　家庭裁判所における家事事件及び人事訴訟事件の概況及び実情等」によると、調停および審判の平均審理期間は、2006年以降の統計ではおよそ1年です（2022年は12・9か月）。

また、調停、審判の8割ほどに弁護士が代理人として関与しています（2022年は80・9％）。

遺産分割調停とは

遺産分割調停は、家庭裁判所で相続人が話し合って合意を目指す手続きです。

申立書、遺産目録、相続関係図、被相続人の出生から死亡までの戸籍謄本、相続人全員の戸籍謄本、被相続人の住民票除票（または戸籍の附票）、相続人全員の住民票（または戸籍の附票）など（書式は裁判所のホームページにあります）を作成・用意して、家庭裁判所に提出することで申立てをすることができます。

調停は対立している相手の住所地を管轄する家庭裁判所で行われるのが原則です。話し合いがまとまるよう、調停委員（男性1名、女性1名）と裁判官（または調停官）1名から成る調停委員会が間を取り持つことになります。

遺産分割調停では、次の順番で、各論点について対立点があるか確認し、合意できるよう調整していくのが一般的です。

①相続人の範囲
②遺産の範囲や付随問題
③遺産の評価
④特別受益、寄与分
⑤遺産の分割方法

調停期日（家庭裁判所で話し合いをする日）は1〜2か月に1回、平日の日中に設定されます。対立している相続人は別々の待合室に待機し、片方ずつ個室（調停室）で、調停委員と話すことになります。

基本的に、対立する相続人同士が一堂に会して話し合うことはありません。

相続人が実際に対面するのは主に調停委員のみで、裁判官は毎回現れるとは限りません。

調停委員は弁護士以外もなることができます。日本調停協会連合会によると、2023年4月1日時点における調停委員のうち、弁護士は14・1％で7人に1人もいません。他は無職（32・3％）や公認会計士といった弁護士以外の士業（21・3％）などです。

あくまで調停委員は中立の立場で相続人の話を聞くという姿勢ですので、どちらの言い分が正しいか決めるわけではありませんし、資料を用意してくれることも分割方法などを積極的に提案することもありません。調停委員に手続きを任せていれば、相続についてよくわかっていなくても公平な遺産分割ができるというわけでは必ずしもありません。

緊張でうまく話せる自信がない、高齢で不安感が強い、などを理由に家族の付き添いを希望される人も多いのですが、**本人や弁護士以外は家族であっても調停室に入ることは原則できず、付き添えるのは待合室までです。**

代理人には弁護士しかなれないのが原則です。裁判所が許可した場合は弁護士以外の人も代理人になることができますが、あくまで例外です。

調停が成立すれば、調停調書が作成され、この調書を使用して銀行口座の解約や不動産登記などの各手続きを行うことができます。

調停でも合意に至らなかった場合は、自動的に審判手続に移行します。

制度上、調停を飛ばして審判申し立てをすることもできますが、家庭裁判所は話し合いでの解決を試みるため、審判手続きに入らず調停に回す（付調停《ふちょうてい》）ことが多いです。

遺産分割審判とは

遺産分割審判は、相続人が互いに自身の主張や資料を提出し、家庭裁判所が終局的な判断をする裁判です。審判は被相続人の最後の住所地を管轄する家庭裁判所で行われるのが原則です。

話し合いによる合意を目指すものでなく、**互いに主張や資料の提出を行い、裁判官が遺産分割の内容を判断します。**

家庭裁判所の審判に不服がある場合は高等裁判所に即時抗告することができます。

さらに、高等裁判所の決定に不服があれば、最高裁判所に特別抗告または許可抗告をすることができます。ただし、特別抗告や許可抗告をするには憲法違反などが条件となるため、非常に限定的です。

「もめる、もめない」は信頼で決まる

弁護士として私は多くの家庭の相続のお手伝いをしてきました。

スムーズに進んだものもありますが、親族同士がもめたあげく、憎み合ったり、絶縁したり、という残念なケースもありました。

相続では、財産管理や身の回りの世話など、被相続人との長年の関係から、相続人の間で負担や情報に偏りが生じます。

そのため、一部の相続人がズルをしているのでは？　という疑念を抱きやすく、それがもめる原因になりやすいのです。

相続人全体のことを考えての判断でも、独断は疑念を抱かれます。

例えば「相手も得になることだから」などと考え、他の相続人に相談もせずに、不動産の売却など重要なことを進めるのは適切ではありません。

相続人同士の信頼がなければ相続手続きは停滞し、それによって関係がさらに悪化することもあります。

「もめる、もめない」は信頼の有無で決まります。

もめない相続をする人たちは、互いに情報を隠さず、信頼関係を築く努力をしています。

もめない

8 登記・名義変更・解約などの各種手続き、相続税申告を行う

手続きによっては専門家に相談するほうがよい場合も

遺産の分割が完了したら、不動産の登記や株式の名義変更、預貯金口座の解約などの各種手続きを行います。

解約や名義変更などの各種手続きに必要な書類

- 被相続人と相続人の戸籍謄本・除籍謄本・改製原戸籍謄本（または法定相続情報一覧図の写し）
- 相続人全員の実印が押印されている遺産分割協議書（または調停調書、審判書）
- 相続人全員の印鑑登録証明書（遺産分割協議書の場合）

不動産登記の手続きに不安がある、手続きの手間を避けたいなどの場合は、不動産登記の専門家である司法書士に相談するのが無難です。

相続税申告について

相続財産が基礎控除額を超え、相続税申告が必要な場合は、ひとまず税理士に相談することをおすすめします。

相続税の申告期限は相続開始を知った日の翌日から10か月以内です。忙しくしているとあっという間に期限を過ぎてしまいます。

申告期限を過ぎると延滞税が発生してしまうだけでなく、「小規模宅地等の特例」や「配偶者の税額の軽減」（配偶者控除）といった特例を受けることができなくなってしまいます。

もし期限内に遺産分割協議が成立しない場合は「申告期限後3年以内の分割見込書」を提出すれば、遺産分割が10か月を過ぎても控除や特例を受けることができます。

相続税申告は相続人全員が一緒に行う必要はないですが、各相続人の申告内容が異なると税務署の調査を招くリスクが高くなります。

そもそも同じ税理士に依頼するほうが税理士費用の節約につながりやすいので、それぞれが別の税理士に依頼するメリットはあまりありません。

もし感情的な問題などで相続人全員が同じ税理士に依頼するのが難しい場合でも、申告する前に税理士間で各相続人の申告内容を確認してすり合わせしておいてもらいましょう。

相続税は、申告と同時に現金で一括納付します。一括で支払えない場合は「延納」手続きをすれば分割で納めることが可能です（ただし担保が必要で、利子もかかります）。

国税庁の税務調査とは

相続税の申告額が少なかったり、申告義務があるのに無申告だったりする場合には、国税庁が実地調査（税務調査）を実施することがあります。

国税庁による相続税の調査方法には、相続人の自宅を訪問する「実地調査」の他、電話や文書で質問をされる「簡易な接触」があります。

国税庁「令和４事務年度における相続税の調査等の状況」によると（「事務年度」は７月から翌年６月を指します）、２０２２事務年度における実地調査は８１９６件、簡易な接触は１万５００４件で、ともに前事務年度より増加しています。追徴税額合計も無申告事案の実地調査は111億円と前事務年度と比べて148・7%も増加しており、公表が開始された2009年事務年度以降で最高となっています（また、簡易な接触についても追徴税額合計などが増加しており、公表が開始された2016年事務年度以降で最高となっています）。

税務調査を避けるには、漏れのない正確な申告をすることが大切です。相続税の申告は一般の方が自分で行うことも可能ですが、税務調査対策のためにも、税理士に相談することをおすすめします。

税務署は払い過ぎを指摘してくれない？

間違って相続税の申告を多くしてしまった場合、税務署は「払い過ぎていますよ」といった通知を送るなどの積極的な還付はしていません。税務署としては、本来支払われるはずの税金が入ってこないことは問題ですが、本来支払われるはずのない税金が入ってくることは不利益ではないからです。

そのため、払い過ぎに気付いた申告者が、自ら更生の請求をしなければなりません。しかし、更生の請求の期限は、原則、相続開始を知った日の翌日から5年10か月までなので、注意が必要です。

現に、「税務署で職員に申告書の書き方を教えてもらったから大丈夫」と、支払う必要のない相続税を納めてしまっていた人が、5年10か月以上経ってから勘違いに気付いて慌てて税務署に行ったものの、職員から「時効なので還付できない」と断られてしまったケースもあります。

第5章

相続に関わる専門家の違い

世の中にはたくさんの相続の専門家がいます。
一般の人たちはほとんどが相続の素人ですから、
「誰に相談するか」はとても重要です。
多くの専門家の中から、
本当に頼れる相談相手を選ぶにはどうしたらいいでしょうか。
この章では相続に関わる各専門家の違いについてお伝えします。

専門家を知る

1 さまざまな相続の専門家

できる業務に違いがある

これまで見てきたように相続の手続きは非常に複雑で面倒です。手続きに困ったときは、専門知識を持ったプロに任せることをおすすめします。

左ページの表は、税理士、司法書士（認定司法書士は含みません）、行政書士、そして弁護士それぞれの、相続について対応できる業務をまとめたものです。各専門家によりできる業務には違いがあるので、知っておきましょう。

なお、各専門家にできる業務については意見が分かれているのが現状です。本書では、全国の弁護士会のホームページなどを参考にしています。

各専門家が対応できる業務

	弁護士	税理士	司法書士	行政書士
代理人として遺産分割協議を行う （およびこれに関する法律相談）	○	×	×	×
遺産分割協議に関する内容証明郵便等の書面を作成する （およびこれに関する法律相談）	○	×	×	△ ※⑦
遺産分割協議書を作成する （およびこれに関する法律相談）	○	△または× ※②	△ ※③	△ ※⑧
代理人として相続放棄の申述等を行う （およびこれに関する法律相談）	○	×	× ※④	×
相続放棄の申述書等を作成する （およびこれに関する法律相談）	○	×	△ ※④	×
代理人として遺産分割の調停手続や審判手続を行う （およびこれらに関する法律相談）	○	×	× ※⑤	×
遺産分割調停申立書等を作成する （およびこれに関する法律相談）	○	×	△ ※⑤	×
代理人として相続登記を行う （およびこれに関する法律相談）	△ ※①	×	○	×
代理人として相続税等の申告を行う （およびこれに関する税務相談）	△ ※①	○	×	×
遺言書を作成する （およびこれに関する法律相談）	○	×	△ ※⑥	△ ※⑧

※① 弁護士はいずれも可能ですが、実際には取り扱っておらず、連携している司法書士や税理士を紹介するケースが多いです。

※② 税理士は税務書類を作成することができますが、遺産分割協議書が税務書類に含まれるかについては意見が分かれています。そして、相続税申告が不要な場合には遺産分割協議書を作成できません。また、受けられる相談も納付税額などの税務相談に限られます（遺産分割そのものについての相談は受けられません）。

※③ 司法書士は法務局への提出書類の附属書類として遺産分割協議書を作成することができます。ただし、遺産に不動産が含まれない場合には遺産分割協議書を作成できません（法務局への提出書類の附属書類とならないからです）。また、受けられる相談は遺産分割協議書の作成方法に関する事項に限られます（遺産分割そのものについての相談は受けられません）。

※④ 司法書士は裁判所へ提出する書類として相続放棄の申述書などを作成することができます。ただし、代理人になれないので、裁判所や関係者との連絡調整などは依頼した本人がしなければなりません。

※⑤ 司法書士は裁判所へ提出する書類として遺産分割調停申立書などを作成することができます。ただし、代理人になれず、紛争解決に関する業務にも対応できません。

※⑥ 司法書士は法務局への提出書類の附属書類として遺言書を作成することができます。ただし、遺産に不動産が含まれない場合には遺言書を作成できません（法務局への提出書類の附属書類とならないからです）。また、受けられる相談は遺言書の作成方法に関する事項に限られます（遺言内容そのものについての相談は受けられません）。

※⑦ 行政書士は他の相続人が事実関係と請求内容を認めている場合に限り、書面の作成とそのための法律相談をすることができます（ただし、返答先を行政書士事務所宛てに指定できません）。

※⑧ 行政書士は権利義務に関する書類として遺産分割協議書や遺言書を作成することができます。ただし、受けられる相談は遺産分割協議書や遺言書の作成方法に関する事項に限られます（遺産分割そのもの、遺言内容そのものについての相談は受けられません）。

税理士は税金の専門家

税理士は税金の専門家です。相続税申告や準確定申告、税務調査などの相談・手続きの代理などをすることができます。

遺産が基礎控除額を超えていたらしなければならない相続税申告や、被相続人に所得があるときなどに行う準確定申告などの税申告を必要とする場合に税理士へ相談・依頼しますが、意外と忘れがちなのは不動産譲渡所得税です。遺産である不動産を売却した場合、利益金に不動産譲渡所得税が課せられるので、確定申告が必要となる可能性があります。不動産を売却したときも税理士に相談するほうがよいでしょう。

逆にいうと、税の申告が不要な場合、相続においで税理士にできることはあまりないことになります。

なお、遺産分割協議書を作成している税理士

専門家により、対応できる業務に違いがあります。

も珍しくありませんが、作成は違法である（いわゆる非弁行為《ひべんこうい》）という意見もあります（違法なので遺産分割協議書の作成依頼は受けられない、としている税理士事務所もあります）。

また、意外に思われるかもしれませんが、**「税理士であれば誰でも相続税に強い」わけではないことに注意が必要です。**

相続税法は税理士試験で必須科目ではなく選択科目で、かつ難易度が高いため敬遠する受験生も少なくありません。

つまり、税理士の多くが相続税法を勉強しておらず、苦手意識を持っているということです。

現に、複数の税理士が所属している税理士事務所でも、相続税申告に対応できる税理士は1人だけだったり、相続税申告について不慣れな税理士が不正確なアドバイスをしていたというケースもあります。

税理士ができること

◎税申告

◎税務調査の立会い

・相続人調査、相続財産調査

・遺産分割協議書の作成（税申告が必要な場合）

税理士ができないこと

・遺産分割協議、調停、審判（内容証明郵便、申立書等の書面作成含む）
・相続放棄、限定承認（申述書等の書面作成含む）
・相続登記
・遺言書の作成支援
・遺言書の検認（申立書等の書面作成含む）
・不動産の売買契約
・使途不明金の請求
・遺留分侵害額請求
・自動車の名義変更

司法書士は不動産登記の専門家

司法書士は不動産登記の専門家です。相続登記や代償金の供託（遺産分割協議などによって代償金を受け取ることとなった相続人が受け取りを拒否するなどした場合に法務局へ代償金を供託する＝お金を預けることです）に関する手続きの代理や、法務局・裁判所への提出書類（附属書類）として、相続放棄などの申述書や遺産分割協議書、遺言書を作成することができます。

遺産に不動産があるため法務局に相続登記をしなければならないときに、司法書士に当該手続きの代理を依頼することが多いでしょう。

ただし、司法書士が遺産分割協議書や遺言書の作成ができるのは、遺産に不動産が含まれている場合に限られます。遺産に不動産がなければ、遺産分割協議書や遺言書の作成も不可となるため、司法書士ができる範囲は狭くなります。

ただ、費用面から弁護士ではなく司法書士への依頼を選択する人もいます。

司法書士ができること

◎不動産の相続登記
◎代償金などの供託
・相続人調査、相続財産調査
・遺産分割協議書の作成（遺産に不動産がある場合のみ）
・遺産分割調停申立書等の作成
・相続放棄、限定承認（申述書等の書面作成のみ）
・遺言書の作成支援（遺産に不動産がある場合のみ）
・遺言書の検認（申立書等の書面作成のみ）

司法書士ができないこと

・遺産分割協議（内容証明郵便等の書面作成含む）、調停、審判

・税申告
・税務調査
・不動産の売買契約
・使途不明金の請求（認定司法書士で請求額140万円以下の場合のみ可能）
・遺留分侵害額請求（認定司法書士で請求額140万円以下の場合のみ可能）
・自動車の名義変更

行政書士は官公署への申請の専門家

行政書士は、官公署への申請や書類作成の専門家で、権利義務や事実証明に関する書類を作成することができます。

具体的には遺産に自動車があって名義変更手続きをしなければならないときに、行政書士に当該手続きの代理を依頼する場面が挙げられます。

他には、遺産分割協議書や遺言書の作成にも対応することができます。

しかし、行政書士が法律相談で対応できるのは、遺産分割協議書や遺言書の作成方法に関する事項に限定され、遺産分割そのものや遺言内容そのものに関する事項が対象外なのは、司法書士と同じです。

行政書士ができること

◎自動車の名義変更
・相続人調査、相続財産調査
・遺産分割協議に関する内容証明郵便等の書面作成（他の相続人が事実関係と請求内容を認めている場合に限る。返答先を行政書士事務所宛てに指定できない）
・遺産分割協議書の作成
・遺言書の作成支援

行政書士ができないこと

・遺産分割協議、調停、審判（申立書等の書面作成含む）
・相続放棄、限定承認（申述書等の書面作成含む）
・税申告
・税務調査
・相続登記
・遺言書の検認
・不動産の売買契約
・使途不明金の請求
・遺留分侵害額請求

弁護士はオールマイティな法律資格

弁護士は法律手続き（法律事務）全般に対応できる専門家で、登記や税務といった司法書士、税理士が主に取り扱っている分野を含めて、権限に制限はありません。

そのため、弁護士を「オールマイティな資格」と表現する人もいます。

相続登記は司法書士、相続税申告や準確定申告などの税申告は税理士、というイメージが強いですが、いずれも弁護士も可能です（ただし、税申告は税理士登録〈弁護士は税理士登録もできます〉するか国税局長への通知が必要です）。

ただ、実際には相続登記や相続税申告などを取り扱っていない弁護士は多いです。

弁護士ができること

- ◎遺産分割協議、調停、審判
- ◎遺産分割協議書の作成
- ◎相続放棄、限定承認
- ◎遺言書の作成支援
- ◎遺言書の検認
- ◎不動産の売買契約

◎使途不明金の請求
◎遺留分侵害額請求
・相続人調査、相続財産調査
・税申告（税理士登録または国税局長へ通知した場合のみ可能）
・税務調査の立会い（税理士登録または国税局長へ通知した場合のみ可能）
・相続登記
・自動車の名義変更

非弁行為とは

弁護士資格のない者（人、会社）が、法律で弁護士資格を持っている者しか行ってはいけないと法律で定められていることを行い、報酬を得ることを「**非弁行為**」といいます。

弁護士法以外に、司法書士法や税理士法、行政書士法といった法律によって認められている場合に限り、弁護士以外の者が相続に関する手続きや法律相談をすることができます。

しかし、現実には「非弁行為」に当たる可能性があると思われるケースが生じています。

弁護士以外の専門家が本来受けてはいけない事項に関する法律相談を行っていると思われるホームページなどがありますし、現に権限外の専門家から誤った説明を受けていたケースもありました。

相続に関する専門家でも、内容によって相談先は違うということを知っておきましょう。

専門家を知る

2 弁護士は相続の総合相談窓口です

弁護士ができることのうち、税理士や司法書士にもできることはもちろんあります。でも、弁護士にしかできないこともたくさんあります。もし遺産分割協議がこじれるなどしてもめた場合、対応できるのは弁護士だけですので、結局、もめたら弁護士に依頼するほか方法はありません。また、訴訟になるほどでなくとも相続人の間で意見の相違があるケースなど、もめる可能性のある状態では、弁護士がはじめから手続きに入っておくほうが、トラブルの回避につながりますし、いざもめた場合の対応ができて安心です。

相続に強い弁護士であれば、税理士や司法書士、不動産業者などと連携しているので、税理士などを探す手間を省くことができますし、**各専門家や各業者との連絡調整も依頼者の代わりに行うことができます。**

さらに、**登記や税申告以外の法律事務に関する代理権は弁護士のみが持っていることが多いです。**例えば、遺産である不動産を売却する場合、**不動産業者との仲介契約や買主との売買契約、売買代金の決済などの諸手続き**が必要となりますが、これらは弁護士であれば代理人として対応できます。しかし、司法書士や税理士にしか依頼していない場合、依頼者本人が各種契約書などへの署名押印をすることになりますし、売買代金の決済手続きも依頼者本人が銀行へ行くことになりますので、これらの手間がかかってしまいます。弁護士であれば代理人として活動できるので、依頼者はこれらの手間から解放されるというメリットがあります。

相続は、弁護士を総合窓口として入れるほうが、手間の軽減やトラブルの発生防止・発生時の対応といった点で、合理的です。

弁護士が目指す「依頼者の利益の最大化」とは？

「弁護士に依頼することは、相続人の間で徹底的に戦うことだ」と考えている方もいますが、これは誤解です。

弁護士は依頼者の代理人ですので、依頼者に味方をして、依頼者の利益を守るために活動します。でも、何が「利益」なのかは、依頼者によって異なります。

一番の希望が「1円でも多く遺産を受け取りたい」という依頼者もいますが、「円満に、そして公平に相続の手続きを終えたい」というのが一番の願いという方も多いです。

もし、依頼者が「円満に相続の手続きを終えたい」と一番に願っているなら、弁護士はそれを叶えるように全力を尽くします。それが「依頼者の利益の最大化」ということだと、私は考えています。

「双方代理の禁止」に当たる場合・当たらない場合

「弁護士は2人以上の相続人から依頼を受けることはできない。どちらかに味方するから、もめやすくなる」といったイメージも正しくありません。

確かに、弁護士は、同一のパイを奪い合うような、依頼者の利益ともう一方の利益が相反する場合（利益相反）の状態では、双方から依頼を受けることはできません（＝「双方代理の禁止」）。

しかし、例えば、複数の相続人が2つのグループに分かれて意見が対立しているものの、同じグループ内では意見が一致しており、同じグループの相続人たちが同じ弁護士に依頼するケースなど、**形式的に利益が相反すると見える場合であっても、実体的に利益が相反しない場合は、2人以上から依頼を受けることができます。**

もちろん、**相続人全員の間で特にもめていない状態で、遺産の公平な分配を実現するために、相続人全員が同一の弁護士に手続きの代行などを依頼することも可能です。**

相続人の意向が同じであるとき、弁護士は複数の相続人から依頼を受けることができます。

専門家を知る

3 銀行や信託銀行の「遺言信託」。その費用を知っていますか？

銀行・信託銀行の相続サービスとは

「お金のことなら銀行さんに相談すればいい」と考えている方も多いのではないでしょうか。

多くの銀行や信託銀行は「遺言信託《ゆいごんしんたく》」という名称で相続に関わるサービスを提供しています（「信託」といっていますが、これは、家族信託などとはまったくの別物です）。

口座を保有していて日ごろから付き合いがある場合や、事業規模や知名度から生じる安心感などから、相談される方が多いのも理解できます。

しかし、銀行や信託銀行の相続相談窓口がすべての人に向いているわけではありません。

銀行や信託銀行しかできない業務があるわけでもなく、窓口の担当者は通常は銀行員で、弁護士や司法書士、税理士、行政書士といった相続の専門家ではありません。

銀行や信託銀行が相続に関する相談や事務などを具体的にどこまでしているのか、提供しているサービスの法律的な根拠がどこにあるのか、また、相続の専門家に直接相談するのと費用がどう違うのか、わかりにくい状態となっています。

「遺言信託」サービスは「非弁行為」に当たる？

銀行や信託銀行の「遺言信託」サービスは、**遺言書の作成、遺言書の保管、遺言執行**が中心です。

しかし、**「遺言書の作成は法律事務なので、報酬を得る目的で銀行員が対応すれば〝非弁行為〟に該当して違法だ」と指摘する声があります。**

もし弁護士などの資格を持たない銀行員が遺言書を作成するなどしていれば問題ですし、銀行員ではなく他の専門家に実質的な依頼をしているのであれば銀行・信託銀行自身の報酬分だけ費用がかさむことになります（なお、法律事務の周旋《しゅうせん》〈紹介〉を業とすることも非弁行為に含まれます）。

銀行が遺言執行者になった場合でも、相続人同士がもめてしまった場合、通常、銀行・信託銀行は間に入ることなく案件から降りてしまいます。さらに、途中で案件から降りた場合でも高額な手数料を請求する銀行・信託銀行もあります。

実際、ある大手銀行の「遺言信託」サービスを利用していたところ、遺言者の死後、作成された遺言書がもとでトラブルになり、銀行は早々に手を引いてしまって争いが残った、というケースが発生しています。

銀行や信託銀行の費用の相場

銀行や信託銀行の提供する「遺言信託」サービスの多くは、相談段階では無料ですが、実際に利用する際にはもちろん費用がかかります。

例えば、遺言書の作成について、主な大手銀行・大手信託銀行の手数料を調べたところ、次のようになっていました（※2024年7月現在。なお弁護士に依頼した場合の費用は11万〜22万円です）。

- **三井住友銀行……55万円**
- **三菱UFJ信託銀行……「30万円型プラン」33万円、「100万円型プラン」110万円**
- **りそな銀行……「執行基本コース」33万円、「執行オプションコース」88万円（いずれも「一般型遺言信託」）**
- **みずほ信託銀行……「プラン30」33万円、「プラン100」110万円**

しかも、銀行や信託銀行が遺言書を保管するので、年額5500円や6600円の保管料がかかり、遺言書の内容を変更する場合にも5万5000円または11万円の手数料が発生します。

中でも、特に高額なのは、遺言執行費用です。主な大手銀行・大手信託銀行の最低報酬額は以下のとおりとなっていました（弁護士に依頼した場合の最低報酬額は33万円ほどです）。

・三井住友銀行……132万円
・三菱UFJ信託銀行……「30万円型プラン」165万円、「100万円型プラン」77万円
・りそな銀行……「執行基本コース」110万円、「執行オプションコース」55万円
・みずほ信託銀行……「プラン30」110万円、「プラン100」33万円

中には、自分の銀行にある被相続人の預金口座や投資信託を解約して、それを各相続人の銀行口座に分配するだけの手続きで、100万円以上もの高額な手数料を受け取っているケースも散見されます。

言うまでもありませんが、「相続人は多額の遺産を受け取った」という事実を銀行は把握していますから、相続人には営業担当者がすり寄ってくる可能性があります。

多少コストはかかっても、「いつもの銀行さん」の安心感を取るという考え方もありますが、銀行・信託銀行の提供する「遺言信託」サービスを利用するかどうかは慎重に判断してください。

専門家を知る

4 無資格者による法律相談に注意しましょう

民間資格は有料の法律相談の法的根拠になりません

相続に関するルールには期限があったり、中には一度手続きをすると取り返しのつかないものもあります。

ですから、誤ったアドバイスに従って思わぬ不利益を被ってしまうことのないよう、法律相談をする際はよく注意して相手を選ばなければなりません。

第1章や本章でお伝えしたとおり、司法書士や税理士、行政書士といった国家資格を有する専門家でも、対応できる相談の範囲は限られています。

特定の法律資格を持たない者が法的手続きを行うことは「非弁行為」となり、違法です。

これは、資格を持たず、規律に服しない者が、自らの利益のため、あるいは誤った知識に基づいて他人の法律事件に介入することを放置すれば、当事者たちの利益を損ねたり、社会の秩序を害するからです。

なお、報酬を得る目的でなければ非弁行為に当たりませんが、他人が完全な無報酬で法的手続きをすることは少ないのではないでしょうか。

弁護士法第77条3号は、非弁行為をした場合、違反した者を懲役などに処すると規定しています。

法律的な手続きや資料の取り扱いが多い相続に関しては、正規の資格を持つ専門家に依頼することが安全かつ確実だといえるでしょう。

しかし、実際には法律資格が不明なまま法律相談を行っているように見えるサービスがあります。

相談する前に保有資格を確認する、保有資格がよくわからない相手には相談しない、といった自衛策を取ることをおすすめします。

「相続△△△士」「遺産○○○士」のような民間資格では、法的手続きはできません。

専門家を知る

5 専門家への相談・依頼が必要ない場合もある？

相続の手続きは複雑で面倒ですが、すべての相続で、専門家への相談・依頼が必要なわけではありません。次のすべてに当てはまる場合は、専門家に依頼する必要はないでしょう。

・遺産が基礎控除額を下回っている（相続税の申告が不要）
・遺産に不動産や自動車がない（登記や名義変更の手続きが不要）
・相続人全員と連絡を取ることができる
・相続人の間で信頼関係がある
・相続のルールや手続きがわかる人がいる（遺産分割協議書が作成できる）
・遺産の分配方法に異論をとなえる相続人がいない
・平日の日中に役所や銀行へ行き手続きができるフットワークの軽い相続人がいる

こんなときは専門家に相談を

逆に、左記のいずれかに当てはまる場合は、スムーズに相続を進めるために、専門家に相談することをおすすめします。

- 相続人がわからない、連絡先がわからない
- 遺産が相続税の基礎控除額を上回っている（相続税の申告が必要）
- 遺産の在り処がわからない、または他の相続人が遺産を開示してくれない
- 遺産に不動産や自動車が含まれている
- 連絡の取れない相続人がいる
- 相続人の間で明確な力関係がある、相続人同士の仲が悪い
- 遺産の分け方や評価方法などについて相続人の間で意見の対立がある
- 相続のルールや手続きがわからない
- 公平な遺産の分け方がわからない
- 忙しい、体調がよくないなどの理由で動ける相続人がいない

18〜20ページには、本ページの内容をはじめ相続をめぐるさまざまな状況に応じた、専門家への必要度がわかる一覧表をご用意していますので、ぜひご活用ください。

相続 ここにも気をつけて

③ 親が賃貸経営をしていたら

被相続人が賃貸経営をしていた場合、物件の建築費や購入費のアパートローンが残ることがよくあります。そのローンは誰が払うのでしょうか？　当然、収益物件を引き継いだ相続人だけが債務を支払うと考えがちですが、何も手続きをしないでいると、収益物件を相続していない相続人にも「アパートローンを支払ってください」と請求がきてしまいます。

これは、アパートローンは遺産分割手続の対象でなく、法定相続分に応じて自動的に相続されてしまうためです。

不動産賃貸経営を引き継がない相続人への請求を予防するには、遺産分割をする前に、ローン会社に話を通しておく必要があります。

第6章

弁護士の関与でトクになる相続

相続手続きのさまざまな局面で、
専門家のそれぞれに
「できること」「できないこと」があるとお伝えしてきました。
本章では、「めんどう」「たいへん」な相続が
弁護士が関わることで「トクする」相続になる理由を
ていねいにお伝えしたいと思います。

トクする

1

負担が軽くなり、面倒やストレスを軽減できる

他の相続人や関係機関に対する窓口になることができる

弁護士は依頼者の代理人になることができ、その代理権の範囲は幅広いです。依頼者の代理人として、他の相続人はもちろん、関係機関に対する窓口になることができます。税理士や司法書士も代理人として窓口になることができますが、その範囲は税金や登記に関する事項に限られるので、基本的には依頼者本人が他の相続人や関係機関からの連絡に対応しなければなりません。例えば、司法書士は遺産分割協議書を作成することができますが、遺産分割協議自体に関与することができないのはもちろん、他の相続人に対して遺産分割協議に関する書面を作成・送付することもできません。他の相続人との連絡・調整は、依頼者本人が行う必要があります。

また、**弁護士が代理人として活動することで、関係者・関係機関との連絡や調整がスムーズに行**

われます。

「他の相続人と話したくない」「手続きやルールがよくわからないまま関係機関とやりとりするのがしんどい」といった場合には、弁護士に依頼することで精神的なストレスから解放されます。

すべての手続きを代行できる

弁護士は依頼者に代わってすべての手続きを進めることができます。

相続人の範囲や住所、遺産の中身を調査するためには、市区町村役場に戸籍謄本や名寄帳などの請求をしたり、金融機関に残高証明書や取引履歴などを請求したりする必要がありますが、それぞれ書式が異なっていたり、現地に行かなければならなかったりします。

弁護士になら、これらも任せることができるのです。

また、弁護士は相続に関わる幅広い問題について、依頼者からの委任を受けて行動します。不動産売買の場合、不動産業者の選定や仲介契約、売却方法の検討、売買契約書や登記関係書類への署名押印、決済の立ち合いなど、考えることやしなければならない手続きが複数ありますが、**弁護士ならば正しい法律の知識をもとに、どうしたらいいのか適切な判断やアドバイスができますし、代理人として依頼者の代わりに動くこともできます。**

適切な専門家を紹介できる

相続の手続きは、司法書士や税理士、不動産業者など、多くの専門家の力を借りることになります。相続人が自分でそれぞれの専門家をひとりひとり探して、そのたびに状況を説明したり、相談したりするのは大変な労力がかかります。

相続に強い弁護士であれば、相続に関する他の専門家や業者と提携し、依頼者へ紹介することができます。

また、相続税申告や相続登記など、通常は弁護士以外が行うことが多い業務についても、弁護士が各専門家へ必要な情報や資料を提供するなど、いわゆるハブ（相続の情報を管理する中心）になることで、依頼者の手間を軽減することが可能です。

依頼者が専門家や業者以外にやりとりする相手も、弁護士に一本化することもできるため、負担が軽くなります。

トクする

2 裁判所に行かなくてよくなる

遺産分割調停や審判に依頼者本人以外で出席できるのは弁護士だけ

遺産分割協議でもめた場合、その調停や審判は家庭裁判所で開かれますが、「裁判所」という場所に気後れする人は多いでしょう。

できれば一生関わりたくない、というのが本音だと思います。

調停や審判に、本人以外で出席できるのは、原則、弁護士だけです。

「ひとりでは不安だから」「うまく話せないから」といった理由で家族が付き添うことはできません（家族が一緒に家庭裁判所へ行っても、待合室に待機させられるだけです）。

弁護士に依頼していれば、弁護士が依頼者本人に同行して出席することはもちろん、弁護士だけ

が出席して本人は家庭裁判所へ行かないという
こともできます。

弁護士に任せることで、最初から最後まで、一度も依頼者が家庭裁判所へ行かないまま手続きが終わることも珍しくありません。

裁判所に行かなくて済むというだけで、肉体的負担、心理的ストレスはだいぶ軽減できるのではないでしょうか。

現に、最高裁判所事務総局「令和4年司法統計年報」によると、裁判所が取り扱った遺産分割事件1万2981件のうち1万501件は弁護士が代理人として関与しており、その割合は80・9％にも上っています。

トクする

3 遺産の調査や分配が漏れなく適切にできる

遺産相続に関するルールは複雑多岐で、理解しにくいうえに、タイムリミットがあるため、時間的余裕がありません。

次に何をするべきか、手続きの方法や段取りを間違えると大幅な遠回りをしてしまうことになりかねませんし、期限に間に合わないおそれも出てきます。

その点、相続手続きの全体像を把握している弁護士は、法律の専門家の立場から、さまざまな選択肢を示したり、今何をすべきか、といった優先順位をアドバイスできます。

弁護士は、誤解や間違った手続きによる失敗を防ぎ、依頼者の不利益を最小限に抑えます。

弁護士が関与することで、適切なタイムラインで相続手続きを進めることができるのはもちろん、時間の浪費を減らすことができるのです。

遺産の調査漏れがなくなる

相続手続きを進めるうえで、特に重要なポイントのひとつが「遺産調査」です。

遺産調査が不十分な状態では、相続放棄をすべきかわかりませんし、遺産分割の方針を立てることもできません。もしも把握しきれず漏れた遺産が遺産分割協議のあとで見つかってしまうと、それを分割するために、また遺産分割協議をしなければならなくなります。

あとで判明した遺産がプラスの財産だったらまだいいのですが、大きな債務（マイナスの財産）が出てきてしまった場合、今さら相続放棄できるのか……などという事態も起こりえます。

できるだけ早期に、正確な遺産調査をする必要があります。

相続案件を多く扱い、遺産調査の経験も豊富な弁護士に依頼することで、プラスの財産もマイナスの財産も漏れなく発見しやすくなります。

経費の精算、収益の分配が正しくできる

弁護士に依頼するメリットとして、経費の精算や収益の分配を適切に行えることがあります。

まだ相続財産を分けていないのに、**役所から税金の納付書が届いたり、マンションの管理会社から修繕積立金の請求書が届いた**とき、どう扱えばよいか判断できる方は少ないでしょう。

亡くなった人の入院費用など、死亡時に未払いの経費が発生する場合、誰が支払うのかと相続人

同士で押し付け合ったり、**葬儀費用など、死後すぐに発生する経費の精算が問題**になることがあります。

被相続人の生前や死後の債務、葬儀費用、不動産の固定資産税などといった経費を、一部の相続人が遺産分割の前に負担しているケースも多くあります。

弁護士が関与することで、そういった債務や経費を正しく精算することができます。

また、被相続人が賃貸マンションや貸駐車場などといった収益物件を所有していた場合、**被相続人の死後も賃料収入などが入る**ことになります。

こういった収入についても弁護士が関与することで、相続人に不公平感のないよう、適切に分配することができます。

トクする

4 不動産も動産も適切に評価・売却してもらえる

108ページで紹介したように、遺産分割の方法には

①現物分割（遺産をそのままの状態で分配する）
②代償分割（相続人の一部が遺産を取得し、他の相続人に代償金を支払う）
③換価分割（遺産を売却し、その代金を分配する）
④共有分割（特定の遺産を相続人全員の共有とする）

の4つがあります。

換価分割は売却益を分ければいいですし、共有分割は相続人全員の共有となるので、評価は不要ですが、現物分割や代償分割の際には、遺産の正確な価値を知っておく必要があります。

また代償分割では財産を引き継いだ相続人は支払額を下げたいため、より価格を安くしたいと考え、他の相続人は受取額を上げたいため、より高く評価してほしいと考えるのが一般的です。

しかも、**物の価格は評価方法や評価する人によって差が出ることが多々あります。**

特に不動産はそれ自体の価格が高いことが多いので、どの評価方法を採用するかで金額に大きな違いが出やすいです。しかし、実勢価格を知るためにインターネットで一括査定を利用してしまった結果、複数の不動産業者からしつこい営業電話がかかってくるようになったという話もあります。また、売る気もないのに不動産業者に査定をお願いすることに気が引けてしまう人も多いです。

相続に慣れた弁護士であれば、こういった問題をクリアして適切な不動産価格の算定方法を検討したり、提携している不動産業者から売却を前提としない査定書を取り付けることもできます。当然ながら依頼者本人に業者からの営業電話や営業メールがくることもありません。

不動産の売却手続きを代行できるのは弁護士だけなので、売却まで視野に入れている場合は、遺産調査の段階から弁護士が参加することで、より効率的に売却手続きを進めることができます。

また、弁護士は動産についても、適切に評価することができます。

美術品や骨董、古書といった、趣味のコレクションなどは、一見して価値がまったくないように見えても、ちゃんと調べてみると思わぬ価値があるかもしれません。

インターネットで中古市場価格を調べることはもちろん、減《げん》価《か》償却法《しょうきゃくほう》（購入金額から耐用年数と経過年数に応じて減価する方法です）を用いるべきか、業者に査定を依頼するべきかなど、さまざまな方法の中から適切な評価方法を検討できます。

依頼者本人が判断したり業者を調べて査定を依頼したりする負担を免れることができます。

【事例】売却方法で不動産の金額が大きく変わった

相続人の中に「不動産を引き継ぎたい」という人がいない場合、遺産分割の手続き中に、その不動産を売却して、利益金を各相続人に分配するというケースは少なくありません。

そういった場合は当然、相続人全員が高く売りたいと考えます。

しかし、不動産の売却は売り方によって金額に大きな差が出ることがあります。

実際、私が関わった相続で、被相続人が所有していたある賃貸物件に関するケースを紹介します。他の相続人の代理人になっていた、あまり相続に慣れていない弁護士が不動産業者を通じて7500万円での買受希望者を見つけ、売却を提案してきたことがありました。

しかし、当方が提携している不動産業者と綿

密な打ち合わせを行った結果「7500万円は安すぎる」と判断し、「相対方式でなく入札方式（オークション方式）のほうが高値が付きやすい」という結論に至りました。

そこで、入札方式での売却手続きに切り替えたところ、なんと約1億5000万円もの価格で売れて、約2倍の金額に跳ね上がったのです。

もし当初の不動産業者の言いなりになっていたら、遺産を7500万円も目減りさせていたことになります。

このように、相続に慣れた弁護士であれば、提携している不動産業者がおり、弁護士が不動産業者と打ち合わせをして最適な売却方法を判断することができます。

固定資産税評価額をもとに評価すれば大丈夫？

不動産（土地）の評価方法の一つに、固定資産税評価額や相続税評価額を割り戻す（153ページ）というものがあります。評価方法の中では手軽なものですが、だからといって安易にこの方法で評価すると決めてしまうことはおすすめできません。都心部など人気のある土地は、実勢価格がこの方法で算定された金額を大きく上回ることがあります。

実際、私が担当したケースで、とある土地が、固定資産税評価額÷0・7で計算した金額が約1億1000万円ほどだったのに対し、買受希望者を探したところ約1億5000万円の提示を受けたものもありました。

トクする

5 遺言書の作成も弁護士なら安全・簡単

「生前整理で遺言書を残したい」と考えている方も、ぜひ弁護士に相談ください。

特に、自分で書く自筆証書遺言は方式（書き方）の不備が生じやすいものです。

例えば、家族が代筆していたり、押印を忘れてしまう、訂正の方法を間違う、などといった不備があると、遺言の全部が無効になってしまいます（968条）。

さらに、表現が適切でないために解釈が分かれる問題が生じてしまい、トラブルになってしまったケースも存在します。

公正証書遺言ではそういった方式の不備のリスクは減りますが、内容まではどうでしょうか。

公証人はどんな内容の遺言書にするかを遺言者本人と相談して決める立場ではなく、その遺言内容の妥当性を判断できません。

例えば、遺言者が「長男に自宅を相続させる」としていても、長男が遺言者より先に亡くなってしまうと、この部分が無効になってしまいます。そのため、もし長男が先に亡くなったときは長男の子（遺言者の孫）に相続させたい、などと考えている場合は、長男が先に亡くなったときを前提にした遺言（「予備的遺言」といいます）を入れておかなければなりません。予備的遺言を入れなかったばかりに遺言の一部が無効になって結局もめてしまった、ということになりかねません。

弁護士が関与した場合、遺言者本人の希望を聞き取って遺言書に正確に反映されるよう作成することができるうえ、公証役場との連絡調整も本人の代わりに行うことができます。

また、公正証書遺言は証人を2人用意する必要があり、近親者に依頼すると内容が漏れてしまう危険がありますが、弁護士に依頼すれば、証人2人の用意にも対応できることが多いため、**証人から内容が漏れるおそれもありません。**

自筆証書遺言でも、公正証書遺言でも、漏れや誤解がなく、正確に思いを伝える遺言書にするためには、弁護士とともに作るのが安全・簡単です。

トクする

6

「弁護士からのアドバイス」が相続問題解決に活用できる

「健康のために運動して」といくら家族に言われても運動しなかった人が、医師から「血圧が高いですね、運動をしてください」と言われたとたん、毎日きちんと30分運動するようになった……というような話を聞いたことはありませんか?

正しいとわかっているのに家族の言うことには従えない人が、「お医者さんの言うことだから」と医師の言葉には素直に従えるのは、それを言ったのが医者という肩書き、権威のある専門家だからです。

弁護士という肩書きにもそういった効果があります。これをうまく使うことで相続がスムーズに進みます。

遺産分割協議においても、「この内容でいいのだろうか?」と、自分たちだけでは不安という場合、弁護士が入ることで、まったく同じ内容でも法的にも心理的にも安心できるものになります。

もし財産の分け方について相続人の間で疑念が生じそうになっても「弁護士の先生がそう言うのだから間違いない」という説得力につながります。

弁護士という資格に対する信頼性をおおいに活用していただきたいと思います。

弁護士は中立な立場からの調整、アドバイスも可能です

弁護士は依頼人の身内でも相続人でもないため、客観的に相続全体を見ることができます。

相続人の間で感情がもつれそうなときや、協力が必要なときに、**それぞれの言い分を整理・調整したり、中立的な立場でアドバイスをしたりといったことが可能です。**

実際、依頼者の弟が親の財産管理をしていたケースで、依頼者は弟を疑ってはいないものの、弟による遺産開示だけでは信用しきれないとして、私に遺産調査と分け方を提案してほしいと依頼されたことがありました。

弟も特にやましいことはないとして、兄と一緒に私へ依頼したのです。

私が遺産を調査し、弟から事情を聞くなどして、特に問題はないと確信した結果、兄も安心して弟との遺産分割協議に合意することができました。

トクする

7 権利や制度を使って取り分を増やせることも

「こういった権利がある」「こういう制度がある」ということを知っていたとしても、実際にその権利を主張したり、制度を利用したりするのは難しいものです。

その権利を主張するためにどのようなアクションを起こしたらいいのかがわからなければ、動きようがありません。

相続に強い弁護士は、相続人にどのような権利があるのか、何をどのように進めればいいのかを知っています。そして、**あなたに代わってあなたの権利を主張できる**のです。

横領金の返還を受けられる

一部の相続人が親の財産を勝手に使い込んでいた（横領していた）場合、その相続人が自ら「使い込んだ」と言うことはないでしょう。むしろ隠したり、シラを切ったりするのが普通です。**横領した相続人がそれを認めない場合、返還を求める側が横領の事実や金額の証拠を揃えて証明する必要があり、素人が適切に対応するのは難しいです。**

金額の算定方法も、そもそもどんな資料が必要なのかもわからず、泣き寝入りするケースもよくあります。

なんとか調べて資料を取り寄せても、横領された金額の正確な計算は、多大な手間と詳細な記録の整理が必要です。

弁護士なら、これらの膨大な手間のかかる細かい作業を代行できます。

例えば私の事務所では、銀行口座の取引内容の確認ではこのような手順を踏んでいます。

①複数の銀行口座を調査し、各口座からの取引履歴を詳細に検証し、横領した相続人によるものと思われる入出金をチェックします（現金による入出金はもちろん、振込みなどもチェックします）。

②取引の詳細を表計算ソフトで一覧にまとめ、日付、銀行口座名、入金額、出金額、入出金場所、入出金方法（銀行窓口かＡＴＭか、振込みかなど）を記録。例えば、ゆうちょ銀行は、郵便局の「取扱店番号」などから入出金が行われた場所を特定します。

③取引履歴を分析し、横領が疑われる不自然な出金かどうかや、その合計額を判断します。

弁護士であれば、必要な資料の請求を代行し、その内容をチェックし、さらに横領額を算定することも可能です。

もちろん、これらの情報をもとに横領行為を証明し、正当な返還を求める法的手続きのサポートができるのは弁護士だけです。

遺言書の有効・無効を確認・判断できる

遺言書は方式（書き方）の不備などによって法的に無効になってしまうことがあります（968条）。

弁護士に依頼することで遺言書が有効か無効かをチェックできます。

また、認知症の親が遺言書を作成していた、というケースは意外と多くあります。

「認知症によって遺言書を作成するのに必要な判断能力（遺言能力）が不足していた」と判断されれば、その遺言書は無効となります。

もし、遺言書の内容が自分（相続人のひとり）にとって有利だった場合は「遺言は有効だ」と主張し、逆に不利だった側は「認知症だから遺言書は無効だ」と主張したいと考えるでしょう。

そこで**遺言を作成したときの遺言者の身体状況を確認する必要があります。**

しかし、どうやって確認して、どうやって判断すればいいのか、わからない方がほとんどでしょう。

弁護士は、ときに1000ページを超える電子カルテや手書きの医療記録や看護記録を詳細に読み込んだり、介護保険の認定資料なども確認して、遺言作成時における遺言者の認知状態を調査していきます。

弁護士に依頼することで、遺言書が法的に有効であるか、あるいは無効である可能性があるかを専門的に評価し、必要に応じて適切な法的対応を行うことができます。

遺留分を諦めなくて済む

自分にとって不利な内容の遺言書が有効であっても、最低限の保障である遺留分の支払いを請求する余地が残っています（1042条）。

しかし、ほとんどの場合、自分が遺留分をいくら請求できるのか、計算の方法も、請求方法も、知らないのではないでしょうか。

遺留分の計算は複雑なので、遺留分が侵害されているのか、侵害されている場合は一体いくら請求できるのか、判断するのも難しい場合があります。

しかし、弁護士ならば適切な計算や請求が可能となりますし、交渉で解決できることもありますので、必ずしも裁判までいかなければならないというわけではありません。

特別受益を主張できる

一部の相続人だけが生前の被相続人から贈与を受けていた場合、これを「特別受益」として、遺産相続の際に清算できる可能性があります（903条）。

しかし**「あの相続人には特別受益があったはずだ」と主張する側は、贈与の事実やその額を立証しなければなりません。**

また、被相続人からもらった財産全部が特別受益に当たるわけではなく、個別に判断が必要です。それを相続人が自ら判断し、特別受益だと主張するのは非常に困難でしょう。

弁護士に依頼することで、特別受益に当たるかの判断や、主張が適切に行えるというメリットがあります。

寄与分を主張できる

104ページで解説している寄与分は、被相続人に特別の寄与をした相続人に認められるものですが、単に被相続人の世話をした、家業を手伝った、というだけでは認められません（904条の2）。

本当に寄与分を主張できるかを判断するためには、詳しい法律の知識は不可欠です。

また主張する際も、**寄与分の計算は、単純な「遺産の○％」という形式ではなく、寄与分の5つ**

の類型（106ページ）**に応じて異なる計算式が適用されて、実際の貢献に見合った公正な評価が行われるようになっています。**

一般の方には、これらを理解して主張するのは難しいでしょう。相続の専門家の中にもよく理解していない人がいるほどです。

弁護士ならば寄与分の主張ができるのかという相談に乗ることもできますし、寄与分を主張したいというときにも力になれます。

特別縁故者として相続財産分与の申立てができる

80ページで解説したとおり、相続人が誰もいなかった場合、特別縁故者に当たる人は、家庭裁判所に対して相続財産の全部または一部を分与するよう申し立てることができます（958条の2）。ですが、この申立てをするためには、前提として、相続財産清算人を申立て・選任される必要があります（952条）。

さらに、財産分与の申立ては、期間制限がある、申立てをすれば必ず認められるというわけでない、といった問題があります。

あまり知られていないこれらの制度を、該当する本人が手続きするのはハードルが高いと思います。相続案件に取り組んでいる弁護士であれば、これらの手続きについてもサポートできます。

トクする

8 よい弁護士選び7つのチェックポイント

弁護士が取り扱える分野は幅広いため、弁護士それぞれに得意とする分野があります。

そして、法律事務所にはそれぞれカラー（特徴）があり、多数の弁護士が所属する大手の法律事務所だからといって、どんな分野でも対応できるとは限りません。

例えば、企業法務をメインにしている法律事務所に相続案件を依頼しても、その事務所も担当弁護士も相続に関する経験や知識が蓄積されていないことから十分な対応ができないという可能性があります。

そこで、相続について弁護士に相談や依頼をする場合、具体的にどんな点を見て選べばいいのか、チェックポイントを以下にまとめました。

①説明がわかりやすくコミュニケーションが取りやすい

遺産分割手続などの相続手続きは長期間かかることもあります。

担当弁護士とのコミュニケーションが取りにくい、会話がしんどいなどの問題があると、ストレスが溜まっていき、**進め方についても十分な打ち合わせができなくなってしまいます。**

また、弁護士の説明がわかりにくいと、依頼者本人が理解できないことから、希望に沿った解決になりにくいですし、そもそも弁護士の説明がわかりにくいと感じるのは**弁護士の知識や経験などが不足している**、または**相談や依頼の内容についての分析が不十分だから**という可能性もあります。

相性の問題もあるので、法律事務所のホームページを見て感じた印象や、実際に相談で会話した際の感覚から判断するようにしてください。

②相続に関する経験・実績が豊富

相続に関する経験・実績が豊富な弁護士のほうが、過去の経験などから適切な対応・判断ができる可能性が高いです。経験や実績の有無は、法律事務所のホームページに掲載されている解決事例の数や内容、弁護士が執筆した書籍があるかなどを見て判断します。

ただし、弁護士を検索するためのポータルサイトは、基本的に費用を支払えば掲載できるため、「多くのサイトに掲載されている＝経験や実績が豊富」とは限らないので、注意が必要です。

③相談者にとって都合のよい話ばかりしない（都合の悪い話もする）

相談者にとって都合のよい話は、それを聞く相談者はもちろん、アドバイスしている弁護士も、気分よく話せます。しかし、相談時点ですべての事実関係や資料が確保できていることはまれで、手続きを進めていくうちにわかっていくことも多いです。

相談時点でわからないことは「わからない」と答え、相談者にとって都合の悪い結果となる場面についてもちゃんと説明するほうが誠実であり、正しく相談内容を分析していると言えるでしょう。

また、相談者にとって都合の悪い話がある場合にも、隠さず指摘して、将来の見込みや考えられる対応策をしっかり提示するのが弁護士として大事なのは言うまでもありません。

相談者に耳触りのよい話ばかりしてくる弁護士からは一歩引いて、他の事務所へ相談することも検討してみるほうがよいでしょう。

④他の専門家と連携している

弁護士はオールマイティな資格ですが、相続登記や相続税申告などはあまり行わないため、これらを伴う相続になる場合は、司法書士や税理士へ依頼することが多くなります。

また、遺産分割手続き中に不動産を売却する場合は不動産業者への依頼も必要となります。

そのため、日ごろから相続案件を取り扱っている弁護士であれば、司法書士や税理士、不動産業者といった他の専門家と連携しているはずです。依頼前に事務所のホームページを確認して、どんな専門家とどのように連携しているのかもチェックしましょう。

弁護士が他の専門家と連携していれば、自分で専門家を探す手間を省くことができますし、連絡調整なども弁護士が行ってくれるので、依頼後の手間も少なく済みます。また、相続税額に配慮した遺産分割の方法を検討することも可能となります。

⑤費用が明確でちゃんと委任契約書を作っている

弁護士費用は、着手金や報酬金、経済的利益といった一般的になじみのない用語や計算方法が採用されています。さらに、案件の進み方によっては追加費用が発生することもあります。

依頼に際しては、**見積もりを出してくれ、費用体系や発生する可能性のある追加費用についても説明してくれるか確認することが重要です。**

ただし、弁護士をコスパだけで選ぶのはおすすめしません。

弁護士は基本的に労働集約型の職業です。**いくらIT化などで合理化を図ったとしても、手続き**

を進めるには弁護士自身の時間を使わなければならないため、弁護士費用を下げることには限界があるのです。

他の事務所と比べて費用の見積もりがあまりに低い場合、弁護士自身による対応時間が十分に確保されるのか、確認する必要があります。

また、委任契約書を作成しない弁護士は論外です。弁護士費用について後々トラブルになる危険性があるだけでなく、「弁護士倫理」に反する行為となります。

⑥細かい作業をしてくれる

相続の手続きでは、細かい作業が必要になることもあります。

例えば、使途不明金問題の場合、被相続人の預貯金口座の過去の入出金記録を一覧表にしたり、被相続人のために支払った費用のリストを作成したりすることになります。

こういった細かい作業は、業務量が多く、負担の重いものです。

中には、そういった細かい作業を依頼者にしてもらい、依頼者が出したリストなどをそのまま使用して内容もちゃんと把握していない弁護士もいるので、注意が必要です。

どんな作業をしてくれるのか、逆に依頼人がするべきことはあるのか、相談時に確認しましょう。

⑦依頼者の希望をくみ取ってくれる

相続に関するルールは複雑で、はじめから正確に理解している人はほとんどいないでしょう。

相談者の中には、ルールがわからないことから自分の希望が整理できない、ルールを誤解しているため自分の希望が叶えられないと思い込んでいる、といった方が少なからずいます。自分の考える解決策を相談者に押し付けてしまう弁護士もいますが、そもそも価値観は人それぞれなので、目指す解決も人それぞれです。

案件の進め方や目指す方向性を一方的に決めつけてくる弁護士ではなく、**じっくり話を聞きながら、相続に関するルールをていねいに説明して、どういった未来を目指すのか相談者と一緒に考え、その希望をくみ取ってくれるかどうか**相談時にチェックしましょう。

7つのポイントのうち、やはり**大切なのは直接話したときの印象です。**最近は初回相談を無料にしている法律事務所も増えているので、無料相談を活用して「この弁護士なら任せてもいいか」を見極めてください。役所の無料法律相談もありますが、相談時間が短く状況説明やアドバイスが不十分となってしまったり、担当弁護士が相続案件の経験が少ない、といった可能性があることを知っておきましょう。

なお、インターネットの口コミなどはあまり信じすぎないことをおすすめします。なぜなら相続でトラブルが起きた場合、依頼者が満足するほど、相手方は不満を感じている可能性があります。その不満を「悪い口コミ」として投稿する可能性もあるからです。

口コミは単なる個人の感想であり、弁護士自身の人格や能力とは無関係です。口コミをした人の感想があなた自身にも当てはまるとは限りません。

トクする

9 弁護士費用の相場

弁護士費用は、通常、「着手金」「報酬金」「手数料」「実費」「日当」などに分かれています（左でいう「事件」とは、「問題として取り上げられる事柄」を指す用語で、いわゆる「刑事事件」とは異なります）。

・着手金……事件を依頼した際に発生する初期費用。事件が解決したかどうか、どのように解決したか、に関係ありません（結果が希望どおりにならなくても返還されません）。
・報酬金……事件が終了したときに発生する費用。事件の結果によって金額が変動します。
・手数料……事務的な手続きを依頼する場合に発生する費用。例えば、弁護士に遺言書の作成を依頼する場合です。
・実費……事件処理のため実際に支払われた費用。交通費や書類・資料のコピー代の他、裁判所へ

納める印紙代・郵券代（切手代）などです。

・日当……事件処理のため移動することで時間的に拘束される際に発生する費用です。

一般的に、着手金や報酬金の計算方法で使用される「経済的利益」とは着手金の場合は請求額（請求側）または被請求額（請求された側）を、報酬金の場合は決定額（請求側）または被請求額からの減額分（請求された側）を指します。

弁護士費用の相場は？

弁護士費用はどこでも同じ、ではありません。

2004年4月1日から弁護士費用は自由化されており、現在は法律事務所によって弁護士費用が異なっています。

かつては日本弁護士連合会の定める「報酬等基準規程」によって、弁護士費用は全国どこの弁護士でも同額でした（旧規定）。

現在は着手金を定額にするなど旧規定と異なる基準を採用している法律事務所も増えましたが、今でも旧規定と同じ基準としている法律事務所も多いと思われます。相続に関係する弁護士費用（旧規定）の概要は次ページの表のとおりです（金額は税抜表示）。

相続に関する弁護士費用の概要（旧規程）

・法律相談等

報酬の種類	弁護士報酬の額
初回市民法律相談料	30分ごとに5000円から1万円の範囲内の一定額
一般法律相談料	30分ごとに5000円から2万5000円以下（専門の場合）

・民事事件

1. 訴訟事件（手形・小切手訴訟事件を除く）・非訟事件・家事審判事件・行政事件・仲裁事件

報酬の種類	弁護士報酬の額
着手金	事件の経済的利益の額が300万円以下の場合　8% 300万円を超え3000万円以下の場合　5%+9万円 3000万円を超え3億円以下の場合　3%+69万円 3億円を超える場合　2%+369万円 ※着手金の最低額は10万円
報酬金	事件の経済的利益の額が300万円以下の場合　16% 300万円を超え3000万円以下の場合　10%+18万円 3000万円を超え3億円以下の場合　6%+138万円 3億円を超える場合　4%+738万円

2. 調停事件及び示談交渉事件

報酬の種類	弁護士報酬の額
着手金 報酬金	1に準ずる。ただし，それぞれの額を3分の2に減額することができる。 ※示談交渉から調停、示談交渉または調停から訴訟その他の事件を受任するときの着手金は、1の2分の1 ※着手金の最低額は10万円

日当	**半日**：3万円以上5万円以下 / **一日**：5万円以上10万円以下

遺言書作成	定型	10万円から20万円の範囲内の額	
	非定型	基本 経済的な利益の額が	
		300万円以下の場合	20万円
		300万円を超え 3000万円以下の場合	1%+17万円
		3000万円を超え3億円以下の場合	0.3%+38万円
		3億円を超える場合	0.1%+98万円
	特に複雑又は特殊な事情がある場合	弁護士と依頼者との協議により定める額	
	公正証書にする場合	上記の手数料に3万円を加算する。	

遺言執行	基本	経済的な利益の額が	
		300万円以下の場合	30万円
		300万円を超え 3000万円以下の場合	2%+24万円
		3000万円を超え3億円以下の場合	1%+54万円
		3億円を超える場合	0.5%+204万円
	特に複雑又は特殊な事情がある場合	弁護士と依頼者との協議により定める額	
	遺言執行に裁判手続を要する場合	遺言執行手数料とは別に、裁判手続きに要する弁護士報酬を請求できる。	

第7章

気をつけたい「相続の落とし穴」

調べたつもりが、確認したつもりが思わぬことに！
本章では、相続に直面している方なら
どなたの身に起きてもおかしくない、
「相続の落とし穴」をケーススタディしていきます。

落とし穴

1 価値のない田舎の土地を受け取らずに済ませたい

遺産は、わずかな預貯金と利用価値のない田舎の土地。幸い借金はないが、費用がかかるだけの田舎の土地はできれば引き継ぎたくない。受け取らずに済む方法は？

相続するとやっかいなことに……

動産と異なり、不動産は所有権を放棄できません。田舎の土地をいったん相続してしまうと、買い手を見つけない限り手放せなくなる可能性が高いため、相続放棄をして遺産全部の相続を諦めることを検討することになります（939条）。**相続放棄の理由は債務超過に限られない**ため、プラスの財産しかない場合でも問題なく相続放棄できます。

相続したうえで「いらない土地は自治体へ寄付したい」と言う人もいますが、**相続人がいらないような土地は、自治体も不要であることが多いため、寄付を申し出ても断られることがよくあります。**

２０２３年４月27日からは「**相続《そうぞく》土地《とち》国庫《こっこ》帰《き》属《ぞく》制度《せいど》**」が開始されました。

土地の所有権を国に移転させることができるという画期的な制度ですが、以下の要件があり、どんな土地でも気軽にできる、というわけではありません。

・審査手数料がかかる（土地《とち》一筆《いっぴつ》1万4000円。却下や不承認となっても返還されない）
・手間や時間（審査に半年〜1年程度）がかか

不動産を相続したくないときは、専門家に相談して相続放棄をするのも対処方法の1つです。

る
・一定の要件があるので申請しても承認を得られない可能性がある
・承認を受けた場合は申請者が10年分の土地管理費相当額（宅地、田・畑、雑種地等の場合は原則20万円）の負担金を納付しなければならない
・建物がある土地や境界が明らかでない土地などは申請できない
※不動産登記における土地の単位は「筆」です。したがって、「一筆の土地」というのは、不動産登記簿上における1つの土地を指します。

所有権を手放せないと……

土地や建物を相続し、所有権を手放すこともできない場合、固定資産税などの税金や草刈りなど管理の手間がかかります。

中でも建物が老朽化していると、地震や台風などによって、屋根瓦が落ちる、塀が崩れる、などのおそれがあり、もし他人に損害を与えてしまうと、賠償責任を負ってしまう可能性があります（717条）。

人口の減少や都心部への集中などによって、田舎の田畑や古くなった実家などの管理に困っている人は少なくない、と感じます。

落とし穴

2 親権者でも子に代わって遺産分割できない!?

夫を亡くし、相続人はひとり息子と配偶者の自分。

息子は10歳なので、親権者である自分が息子の代理人として遺産分割をしようと考えていたが、全部ひとりでやってしまっていい？

家庭裁判所に特別代理人の選任申立てをします

相続人の中に未成年者である子どもがいる場合、通常は親権者が子どもに代わって遺産分割手続を行うということになっています（824条）。

しかし、**親が子どもの代理人になれないケースもあります。**

例えば夫（妻）が亡くなって、その配偶者と子が相続人の場合です。

被相続人の配偶者と、その子で相続財産を分け合うので、どちらかの取り分が増えればどちらかが減る「利益相反」の関係になってしまいます。

そのため、親権者であっても子の代理人になれないのです。

未成年者が相続人になり、**親権者が代理人になれない場合は、家庭裁判所に特別代理人の選任申立てをしなければなりません**（826条）。

家庭裁判所の選任した特別代理人が未成年者の代理人になりますので、この代理人と遺産分割協議をします。

特別代理人には資格などは必要ないため、利益相反にならない親族（祖父母、いとこなど）がなるケースが多いようです。

もし特別代理人を選任しないまま遺産分割協議をした場合、その協議は原則として無効です。ただし、子どもが成人したあとに追認すれば、例外的に有効となります。

落とし穴

3 親から財産管理を任された！トラブルにならない方法は？

身体の弱った母親の近くに引っ越し、自分が財産管理を任されることに。不正はしていないが遠方のきょうだいは「お母さんのお金を勝手に使わないように」とうるさい。将来、相続が始まったら財産管理の件でトラブルにならないか、今から心配で……。

「いつから」「何に」を明らかにするのがポイントです

一部の相続人による財産管理は、被相続人の死後に「勝手に使っただろう」とネコババ（横領）を疑われやすく、トラブルのもととなります。

これは使途不明金問題と呼ばれており、特に争われやすいのは、「**いつから財産管理を開始したか**」「**払戻金を何に使ったか**」という点です。

財産管理を開始した時期以降の出金について説明を求められるため、その時期がいつかということは、財産管理をしていた相続人にとって非常に重要なポイントとなります。

そのため、通帳や届出印、キャッシュカードなどを預かった時期について、被相続人にメモを作成してもらう、日記やスケジュール帳などに記載しておくなど、証拠を残しておく必要があります。

また、被相続人に付き添って金融機関へ行き、出金することもあるでしょう。

金融機関の窓口で出金する場合、払戻請求書に記入しますが、この際に可能な限り被相続人に記入してもらいます。

金融機関によっては払戻請求書の写しを提供してもらえるため、もし「勝手に出金した」と

主張されても、被相続人の筆跡のある払戻請求書があれば説明しやすくなります。

ATMで出金する場合は、被相続人の通帳や日記などに記入してもらうなどの方法を検討するといいでしょう。

お金の使途を説明できないと、被相続人のために支出したと認められない可能性があります。そこで、領収書やレシートなどの資料をノートに貼るなどして、できる限り保存しておきましょう。冠婚葬祭の際の出費など領収書やレシートのないものについても、日記やスケジュール帳、ノートなどに記載しておくことが望ましいです。

相続人がATMで出金してきて、払戻金を被相続人に手渡すというケースもあります。その場合は払戻金の使途を知らないこともあるでしょうが、出金額が大きいときはこれが落とし穴になることもあるので、被相続人から使途を確認して記録しておきましょう。

被相続人が日ごろの世話に対する感謝の気持ちとして、贈与するケースもあります。

親族間で契約書を作成することはあまりないと思われますが、**被相続人にエンディングノートへ記載してもらうなどして、贈与を証拠化することが重要**です。

また、贈与と認められても特別受益として持戻しの対象とされる可能性があるので、持戻し免除をしてもらえるよう、被相続人に確認しておくことをおすすめします（903条3項）。

落とし穴

4 生命保険金も遺産になる場合がある？

相続税対策をしながら遺産を長男に多く渡すため、預貯金2000万円のうち1500万円を生命保険に回し、その保険金の受取人を長男として指名した。

これで預貯金の残り500万円だけが遺産分割の対象となり、この500万円を長男を含む相続人全員で法定相続分に従って分割することになるはずだが……。

遺産に対して生命保険金の比率が不自然に高い場合、例外的に生命保険金も特別受益になることがあります

このように生命保険を利用することで、被相続人は特定の相続人が有利になるよう遺産を分配することが可能となりますが、遺産分割の際の不公平感やトラブルの原因となることもあります。

生命保険金は、被相続人が特定の人を受取人として指定していた場合、指定された人が固有の権利として請求権を取得するので、遺産分割の対象になりません。

そして、現状、ほとんどの保険会社では約款《やっかん》で受取人が記載されていない場合でも受取人をどうするか決めてあるので、生命保険金が遺産になることはほとんどありません。

また、**生命保険金は被相続人から相続人への贈与ではないので、特別受益にも当たらないのが原則です。**

しかし、生命保険金と遺産の比率があまりに偏っている（生命保険金のほうが預貯金よりも多いなど）場合、生命保険金を無視するのは明らかに不公平になります。

そのため、**生命保険金の遺産に対する比率が不自然に高い（遺産総額の50%以上）場合は、例外的に生命保険金が特別受益になり、相続財産の持戻しの対象となることがあります。**

この例では長男の受け取る生命保険金の額は遺産と比べて明らかに多すぎるため、長男が受け取った生命保険金は特別受益とされてしまい、遺産からは1円も受け取れないという結果になる可能性があります。

相続 ここにも気をつけて

④ おひとりさまとペット

ひとり暮らしでペットを飼っている場合、本人の病気や死亡に備えて、ペットの世話をする人や行き先（引き取り先）を決めておく必要があります。友人・知人、施設・団体など、信頼できる引き取り先を確保しておきましょう。口約束だけでなく本人の死亡によってペットの引渡しが行われる「死後事務委任契約」（P.261）などを活用して引き取り先を確保できます。

本人の生存中でも病気などで世話ができないとき「家族信託」（P.276）を利用して、報酬を支払いながら引き取り先に世話をお願いする仕組みを作ることもできます。その場合は、費用や謝礼などお金の管理者と世話をする人を分ければ、資金トラブルも避けられるでしょう。

第8章

弁護士が教える「生前整理と相続準備」

亡くなった後に遺族に迷惑をかけたくない、
自分の相続で争ってほしくない、というのは誰もが思うことでしょう。
でも、「そのうちやろう」と思っているうちに、時間は経ってしまいます。
弁護士の視点から見た、生前整理と相続準備のポイントを紹介します。

生前整理と相続準備

1 財産整理と財産開示が相続人の負担を軽減する

整理して目録を作っておく

遺産分割手続で相続人にとって大きな負担になるのは遺産調査です。どこにどんな遺産があるかわからなかったり、さまざまな種類の遺産がバラバラに存在しているといった状態では、探す手間や労力がかかります。

したがって、次のように**生前に自身の財産（債務を含む）を整理しておき、相続時に遺産調査や解約などの手続きの手間が少なくなるようにしておきましょう。**

預貯金口座

使っていない預貯金口座を解約する、預貯金口座付番制度を利用する（146ページ）。

有価証券

口座のある証券会社・信託銀行をまとめて、できるだけ一本化しておく。

不動産

貸駐車場や貸家について、はじめから契約書を作成していない、契約内容を変更したのに契約書を作り直さない、賃借人の相続人が引き継いで使っている、といったケースは案外多い。もし、現在の状況と契約書などの書類が合致していないのであれば、賃借人の名義を確認して、契約書などを作成する。

また、不動産の取得費に関する資料がないと売却した場合に不動産譲渡所得税が高くなるおそれがある（不動産譲渡所得税における譲渡所得は売却金額から取得費などを差し引いた金額だが、取得費が分からない場合は売却額の５％しか差し引かれなくなってしまう）ので、不動産の取得費に関する資料を用意しておく。

動産（宝石、貴金属、骨董、美術品など）

価値の高い動産は、保管場所がわかるようにしておく。価値のわかりにくいものは、購入金額のわかる資料を用意したり、専門家に鑑定を依頼して鑑定書をもらっておく。

借金、連帯保証人

契約書や現在の債務額のわかる資料を用意する。連帯保証人の場合、主債務者（借金をした本人）の支払能力などの状況を確認するとともに、できるだけ連帯保証人の地位から外れるようにする。

財産を整理したのち、財産目録やエンディングノートなどに書いておけば、相続人は、遺産を漏れなく把握でき、遺産を探す際や、また各種手続きをする際の負担軽減につながります。

相続でもめる原因として多いのが「一部の相続人が遺産を隠しているのではないか」「被相続人の財産をネコババ（横領）しているのではないか」「被相続人から多額の生前贈与を受けていたのではないか」などといった疑念です。

財産を残す側の人が作成した財産目録やエンディングノートの存在は、遺産隠しの疑いが生じないようにする有効な手段となります。

ただし、書いてあるものと実際の財産に相違があるとかえって疑念のもとになりますので、財産目録は定期的に見直し、日ごろから財産に関する事実を開示することも大事です。

推定相続人（相続が開始した場合に相続人となるべき人）に自分の財産状況を説明する、多額の出金をした場合はその事情（使用目的など）を伝える、推定相続人へ贈与をした事実は特別受益の持戻し免除の意思表示の有無と合わせて記録しておく、などを心がけましょう。

生前整理と相続準備

2 配偶者が亡くなるまでの建物（居住建物）を確保する

配偶者居住権を知っていますか

平均寿命が延び、長寿化が進んでいます。高齢であればよけいに、被相続人の配偶者（妻や夫）の多くは、これまでどおり被相続人と暮らしてきた自宅に住み続けたい、今後の生活資金として預貯金などの流動資産をある程度確保したい、と希望するのが一般的です。

例えば、財産のほとんどが自宅で、妻が残された場合、妻が自宅を取得すると、他の相続人に代償金として自身の財産から支払うか、他の遺産を取得できない、またはわずかしか取得できない、という結果となるおそれがあります。

そうなると、高齢である妻が自ら生活の糧を得ることも難しく、今後の生活資金を確保できなくなります。

自宅を取得した他の相続人と賃貸借契約を締結するなどの方法もありますが、その場合、取得者が契約に応じてくれない場合は自宅に住み続けられないことになり、高齢の配偶者が、住み慣れたわが家を離れなければならないことになってしまいます。精神的・肉体的負担が大きいうえに、部屋を借りて住もうとしても高齢者には貸し渋りなど難しい現状があります。

そこで、2018年の相続法改正によって、**配偶者が居住していた被相続人所有の建物に原則終身、無償で住み続けられる居住権（配偶者居住権）が設けられました**（1028条1項、1030条）。

配偶者居住権の制度は、被相続人の持っていた住宅の所有権を「使用収益権」と「それ以外の部分」に分け、前者を配偶者に与えるというものです。

配偶者居住権は不動産所有権よりも評価額が

配偶者居住権が新設され、残された配偶者は自宅に住みながら、他の遺産も取得できるようになりました。

低いため、代償取得する場合との差額分、配偶者は他の遺産を取得できます。

配偶者が死亡すれば、その建物を取得した相続人が使用できます。

なお、配偶者居住権は配偶者の死亡によって消滅するので、相続税は発生しません。

配偶者居住権の要件は、以下のとおりです。

①配偶者が相続開始時に遺産である建物に居住していたこと
②対象の建物が被相続人の単独所有または被相続人と配偶者の共有であること
③配偶者が配偶者居住権を取得する旨の遺産分割、遺贈、死因贈与（贈与者の死亡によって効力が発生する贈与）のいずれかがされたこと

また、相続人が配偶者居住権の取得について合意した場合のほか、配偶者が配偶者居住権の取得を希望する旨を申し出た場合で、所有者の不利益を考慮してもなお配偶者の生活を維持するために特に必要がある場合に限り、家庭裁判所は審判で配偶者居住権の取得を認めることもできます（1029条）。

被相続人が相続準備をしなくとも遺産分割などで配偶者居住権が認められて配偶者の生活が保障される可能性はありますが、遺産分割協議には基本的に相続人全員の合意が必要となります。

そのため、配偶者居住権を遺贈または死因贈与するほうが確実です。遺贈や死因贈与をしておけば、配偶者が相続放棄をしても配偶者居住権を取得することができます。

一定期間、居住建物を無償で使用できる「配偶者短期居住権」とは

配偶者居住権は長期的な配偶者の住まいを確保するのに対し、配偶者短期居住権は、相続開始後における**比較的短期間の配偶者の居住権を保護するため**、配偶者が居住建物を無償で使用できる権利です（１０３７条）。

配偶者短期居住権は、２つの類型に分かれており、無償で居住できる期間が違います。

・居住建物について配偶者が遺産分割の当事者になる場合

……①遺産分割により居住建物の帰属が確定した日　②相続開始から６か月を経過した日　①②のうちいずれか遅い日まで（無償で居住できる）

・居住建物について配偶者が遺産分割の当事者にならない場合

……居住建物の所有権を取得した者が配偶者短期居住権の消滅の申し入れをした日から６か月を経過した日まで（無償で居住できる）

配偶者短期居住権が認められるのは、相続開始時に被相続人所有の建物に無償で居住していた配偶者です。

配偶者に対する居住用不動産の贈与

配偶者に対する居住用不動産の贈与に関する推定規定も、2018年の相続法改正で新設されました。これは、**婚姻期間20年以上の夫婦間で居住用不動産を遺贈または贈与した場合、特別受益の持戻し免除の意思表示があったと推定されるというものです**（903条4項）。

居住用不動産は長年にわたる夫婦の協力によって作られた財産であり、配偶者の生活保障のために贈与される以上、被相続人が持戻しを免除すると考えている可能性が高いためです。

持戻しの対象とならないことで、配偶者は他の遺産についても取得できます。

あくまで推定なので、「持戻し免除をしない」という意思表示があれば持戻しの対象となります。

婚姻期間が20年以上とされたのは、贈与税における〝居住用不動産の贈与に関する配偶者控除の特例〟（基礎控除110万円の他に最高2000万円まで配偶者控除がなされる）を参考にされたものです。

一般的には不動産を生前贈与するほうが相続より税金上不利となりやすく、また、不動産取得税や登録免許税の課税や相続税との優劣など税金面で検討しなければならないため、この推定規定制度を利用する前に税理士に相談しましょう。

生前整理と相続準備

3 納税などの資金を確保する

遺産分割手続が完了していなくとも、被相続人が死亡したことを知った日の翌日から10か月以内に相続税の申告と納付を行わなければなりません。**相続税は現金で一括納付するのが原則ですから、遺産分割手続が終わっていない場合、納税資金をどうやって確保するのかという問題が生じることになります。**

特に、不動産が遺産の大部分を占め、預貯金などの流動資産が少ない場合などは、相続人が相続税の納付に困ってしまうおそれがあります。

不動産は売却に時間がかかりますし、相続人の手間を省くためにも、生前整理として、特に所有しておく必要のない不動産はあらかじめ売却・現金化して、納税資金を用意しておくことをおすすめします。

なお、相続財産の不動産を遺産分割手続中に売却しようとする場合、相続人全員による合意が必要です。売り急いでしまうと価格が下がってしまう可能性があるので、この点でも事前に不動産を売却しておくことにメリットがあります。

また、納税資金の他に、葬儀費用や債務の弁済などの資金を確保する必要がある場合も、相続させる側（被相続人）が生前に検討しておくことが必要でしょう。

故人の銀行口座の預金は払い戻しできる

２０１８年の相続法改正により、**遺産分割前の預貯金の払戻し制度**が新設されました（９０９条の２）。

払戻金の使途は問われません。「**相続開始時の口座残高×１／３×当該相続人の法定相続分**」まで払い戻すことができます。

ただし、同一の金融機関からは複数の口座があっても**合計１５０万円まで**が上限となります。

例えば、相続人が２人（相続分は各２分の１）いる場合で、相続財産である預貯金が全部で１２００万円あったとします。

持っている預貯金がすべてＡ銀行の口座にある場合、相続人が払戻しできるのは１５０万円までです（１２００万円×１／３×１／２＝２００万円＞１５０万円）。

これに対し、持っている預貯金がA銀行とB銀行に半分ずつ分かれていた場合、相続人が払戻しできるのは合計200万円までになります（A銀行：600万円×1／3×1／2＝100万円＜150万円、B銀行：600万円×1／3×1／2＝100万円＜150万円。A銀行100万円＋B銀行100万円＝200万円）。

払い戻しを受けた額は、遺産分割手続で清算されます。これを利用すれば、遺産分割手続をしていなくとも、単独の相続人でも、遺産である預貯金から（故人の銀行口座の預貯金から）、ある程度の払い戻しを受けることができます。

預貯金の一部を先に取得する

他に納税などの資金を確保する手段として、家庭裁判所から「仮分割の仮処分」を受けることで預貯金の全部または一部を取得するという方法があります。相続法改正に合わせて家事手続法が改正され、預貯金に関する「仮分割の仮処分」の要件が緩和されました。

しかし、これは家庭裁判所で手続きしなければならないうえに、必ず認められるとは限りません。そのため、遺産分割前の預貯金の払戻し制度のほうを利用するケースが多いと思われます。

生前整理と相続準備

4 遺言書を作成する

遺言書の概要については82ページや132ページで解説しました。

ここでは、一般的に遺言としてよく使われる、自筆証書遺言と公正証書遺言をどのように作るのかについて解説します。

なお、遺言は**15歳以上であれば作成でき**（961条）、**未成年者でも親権者の同意は不要**です（962条）。

自筆証書遺言とは

遺言者が遺言書の全文、日付、氏名をすべて自書し、押印して作成する方式の遺言をいいます（968条）。作成件数は年間2万件ほどと思われます。

自筆証書遺言のメリット

・自分だけで作成できる
・作成費用がほとんどかからない

自筆証書遺言のデメリット

・方式（書き方）不備による無効の危険性がある
・遺言能力が争われやすい（214ページ）
・発見されない、隠される可能性がある
・改ざんされるおそれがある
・家庭裁判所の検認手続が必要となる

自筆証書遺言は、いつでも思い立ったときに作成できます。

日付、氏名の他、全文を自書するのが原則ですが、2018年の相続法改正により、**遺言書に添付する財産目録のみパソコンなどで作成できるようになりました。**

ただし、財産目録の全ページに署名押印する

自筆証書遺言は手軽ですが、全文を自筆するので事前に内容や書き方をよく吟味する必要があります。

自筆証書遺言の例

遺　言　書

1. 私は、私の所有する別紙1の不動産を、長男学 研一郎(昭和〇年〇月〇日生)に相続させる。

2. 私は、私の所有する別紙2の~~不動産~~（預貯金）印を次の者に遺贈する。
住所　東京都太田区南五反田〇丁目〇—〇
氏名　学習花子
生年月日　昭和〇年〇月〇日

3. 私はこの遺言の遺言執行者として、次の者を指定する。
住 所　東京都太田区南五反田〇丁目〇—〇
職　弁護士
氏名　科学和男
生年月日　昭和〇年〇月〇日

令和〇年〇月〇日
住所　東京都太田区北五反田〇丁目〇—〇
学 研太郎 印

上記2中、3字削除3字追加

次ページに記載の「自筆証書遺言書保管制度」を利用する場合は、用紙サイズ、余白などにも厳密な規定が存在します。法務省ホームページの「自筆証書遺言書保管制度」をご確認ください。

ことが必要です。

なお、2024年現在、押印を不要とする、自書を要しない範囲を広げるなど、自筆証書遺言の要件をさらに緩和させることが検討されています。

自筆証書遺言書保管制度を利用する

2020年7月10日、**自筆証書遺言書保管制度**が開始され、遺言者が法務局に申請して自筆証書遺言書を保管してもらうことができるようになりました。

この制度では、遺言書の原本は遺言者の死亡日から50年間保存され、遺言書を画像データ化したものは150年間保存されます。

自筆証書遺言書保管制度を利用すれば、方式不備による無効の危険性や遺言能力が争われやすい以外のデメリットは解消されます。

法務局の職員が方式不備を確認してくれますが、法務局は遺言書の有効性を保証するものではありません。

法務局は、遺言の書き方や内容に関する相談を受けることはできませんので、遺言書の書き方や内容を相談したいときは、弁護士などの専門家に相談しましょう。

この制度の利用申請にあたっては、**遺言者本人が法務局に出向く必要があります。**

代理人による申請や郵送での申請はできないため、入院や介護施設に入所しているなど、外出できない場合は利用できません。

申請後、保管証を交付されるので、エンディングノートへの貼付などをして相続人が受領できるようにしておけば手続きがスムーズになります。

なお法務省によると、2023年の自筆証書遺言書保管制度の保管申請件数は、1万9336件となっています。

公正証書遺言とは

公正証書遺言とは、遺言者が遺言内容を公証人に伝え、公証人がこれを筆記して公正証書による遺言書を作成する方式の遺言をいいます（969条）。

日本公証人連合会によると、2023年の作成件数は11万件を超えます。

公正証書遺言のメリット

- **方式不備による無効の危険性が少ない**
- **発見されない、隠される可能性が少ない**
- **改ざんされるおそれがない**
- **家庭裁判所の検認手続が不要となる**
- **遺言能力が争われにくい**

公正証書遺言のデメリット

- **公証人手数料などの作成費用がかかる**
- **証人2名を手配する必要がある**
- **作成に時間がかかる**

公正証書遺言を作成するには、まず公証役場へ連絡して、遺言書に記載する内容や必要資料を提出します。

その後、公証人が作成する公正証書遺言案が作成されるので、適宜修正をして内容を確定させます。

公証人と作成日時を調整して、予定日時に証人2名とともに公証役場へ出向いて作成するのが通常です。

入院や施設入所などで外出が難しいときは、公証人が遺言者のもとへ出張して作成することも可能です（その場合、公証人の日当と交通費がかかります。日当については日本公証人連合

公正証書遺言は、公証人と作成日時を調整して、証人2名とともに公証役場へ出向いて作成するのが通常です。

会のホームページで確認することができます）。

作成後、公証役場には原本が保存され、正本と謄本を渡されますが、正本があれば遺言の内容の手続き（遺言の内容を実現するために必要な事務処理）を行うことができるので、遺言執行者（弁護士など遺言内容の手続きをお願いする人）に正本が渡るよう手配するのがよいでしょう。

公正証書遺言は、遺言者の死亡後50年間、証書作成後１４０年間または遺言者の生後１７０年間、保存されます。

なお、公正証書遺言のデジタル化が予定されており、関係法が２０２３年6月6日に成立しています。これにより、**オンライン会議による公正証書遺言の作成が可能**になったり、**公正証書遺言を電子データで作成・保存**することなどへの変更が生じます。具体的な施行日は決まっていませんが（２０２４年7月現在）、同法の公布日（２０２３年6月14日）から2年6か月以内に開始される予定です。

証人は欠格者に注意

公正証書遺言の証人には条件があります。以下の者は欠格者として証人になることができません（９７４条）。

①未成年者

②推定相続人・受遺者《じゅいしゃ》（遺言によって財産を受け取る人）ならびにこれらの者の配偶者・直系血族
③公証人の配偶者、（公証人の）4親等内の親族、（公証人の）書記および使用人

欠格者が証人として立ち会った遺言は全部が無効となります（公正証書を作成する際に欠格者がいる場合、席を外してもらうのが通常です）。

遺言書には何を書いても法的効力がある？

遺言に何を書くか、いろいろと考えている人もいるでしょう。配偶者や子どもへの感謝や期待など、名文を考えている方もいると思います。

遺言には何を書いても構いません。

しかし、書かれたことのすべてが法的に有効というわけではありません。

遺言によってできる行為には限界があり、**民法などによって定められている事項に限られます。**これを「**遺言事項の法定**」といいます。

遺言事項（すべてを具体的に説明する余裕はありませんので、主な事項についてごく簡単に記します）

【身分に関する事項】

・認知（781条2項）

婚外子を（血縁上の親が）自身の子と認め、血縁上の親子とすることについて

・**未成年後見人の指定、未成年後見監督人の指定**（839条、848条）

未成年の子などについての後見人、または未成年後見監督人の指定について

【相続に関する事項】

・**推定相続人の廃除、廃除の取り消し**（893条、894条）※280ページ参照

相続人となるべき人の廃除、または一度廃除した人の廃除の取り消しについて

・**相続分の指定、指定委託**（902条）

法定相続分とは異なる相続の配分の指定について

・**特別受益の持戻し免除**（903条3項）※103ページ参照

特別受益分を相続分に持戻しさせないことについて

・**遺産分割方法の指定、指定委託**（908条）

個々の財産の分割の仕方、分割割合について

・**相続開始から5年を超えない期間での遺産分割の禁止**（908条）

・**相続人相互間での担保責任の指定**（914条）

【遺産の処分に関する事項】

・**遺贈**（964条）

相続人、または相続人以外の人への財産の遺贈について

- **一般財団法人の設立**（一般社団法人及び一般財団法人に関する法律152条2項）
- **一般財団法人への財産の拠出**（一般社団法人及び一般財団法人に関する法律164条2項）

【遺言の執行に関する事項】

- **遺言執行者の指定、指定委託**（1006条1項）

遺言を執行する遺言執行者の指定について

【その他】

- **祭祀承継者の指定**（897条1項）

墓などの承継者の指定について

これら「遺言事項」以外の事項、例えば、葬儀の方法（葬儀費用の額の上限を定める、宗教や宗派の指定など）やSNSの退会手続きなどを遺言書に記載しても、法的効力はありません。

この、**遺言の中の法的効力がない部分を「付言事項《ふげんじこう》」といいます。**

付言事項があったからといって、遺言全体が無効となるわけではありませんし、相続人へのメッセージとしての意味は残ります。遺産をなぜそういう分け方にしてほしいのか意図を説明したり、感謝の言葉を書き残したりするのに活用できます。

付言事項に書く内容に法的効力を持たせたい場合は、第三者（知人、弁護士、社会福祉協議会、民間企業など）と「死後事務委任契約」を締結するという方法があります。

死後事務委任契約とは

死後事務委任契約は、委任者が受任者に自己の死後の事務を生前に依頼する契約です。契約の形式に決まりはありませんが、委任者の遺志を明確にするため、必ず書面にします。

【死後事務委任契約の項目（例）】

①葬儀に関すること

・遺体の引き取り／火葬／葬儀／納骨／年忌法要／永代供養

②遺品に関すること

・遺品の処分／形見分け

③行政・手続きに関すること

・健康保険証の返却／資格喪失届の提出／運転免許証の返還／マイナンバーカードの返還／年金の受給権者死亡届の提出

④生活に関すること

・遺族、友人、関係者などへの連絡／電気、ガス、水道などの解約／賃借物件の明渡し／病院、施設の費用精算／SNSアカウントなどの削除／ペットの引き渡し

生前整理と相続準備

5 エンディングノートと遺言

エンディングノートは何のために作る？

終活に欠かせない「エンディングノート」は、病気などで自分の意思がうまく表現できなくなったときや、亡くなるときに備えて、伝えておきたいことを記載するノートです。

高齢者のひとり暮らしや「おひとりさま」が増えている現在、生活のこまごましたことや本人の希望を知る人が身近にいない場合など、エンディングノートがあれば遺族が非常に助かります。

エンディングノートに記載すること

- 個人情報（生年月日、氏名の正しい表記、本籍地、血液型など）
- 病気の治療方針（持病やかかりつけ医、延命措置を希望するかなど）

・財産情報（口座のある金融機関、所有不動産、重要書類の保管場所、借金や保証人の情報など）
・遺言書の情報（有無、種類、保管場所など）
・デジタルデータの処分方針（パソコンやSNSのアカウント・パスワード、処分方法など）
・葬儀、法要、お墓の希望（喪主、宗派、費用など）
・家族や親族、遺族へのメッセージなど

エンディングノートはあくまで備忘録やメモという扱いですから、決まった形式などはなく、市販の普通のノートを使って書いても問題ありません。

書店などで売られている専用のエンディングノートは、必要な情報が書けるよう工夫がされているほか、目次があるため情報が探しやすいというメリットがあります。

被相続人がエンディングノートを残していることに気づかないまま遺産分割手続に入ってしまうと、遺産調査に手間がかかったり、故人の思いが伝わらないためトラブルになってしまったり、といった可能性があります。**エンディングノートは、人目につきやすい場所に保管するか、保管場所を信頼できる人に伝えておきましょう。**

遺言は法的な効力を持ちますが、**エンディングノートには原則として法的効力がありません。**確実に自分の思いを実現させたい事柄については遺言書や死後事務委任契約など、法的効力のある他の方法を取るべきです。

エンディングノートは見直し、更新するもの

エンディングノートを「自分が亡くなる前の準備」と位置づけていると、いつまで経っても着手できないかもしれません。

しかし、エンディングノートは書くことで、財産や気持ちなど、自身の中でさまざまなことが整理されていきます。

これからの人生をよりよく生きるために、今現在の自分自身の情報を整理する、という気持ちで取り組んでみるのがよいでしょう。

また、生きていれば情報は日々変わっていきます。**エンディングノートは一度作って終わりではなく、折を見て新しい情報に更新していくのがおすすめです。**

第9章

そこが知りたい！相続Q&A

前章までで触れられなかった内容を中心に、
相続に関するQ&Aをご用意しました。
弁護士をはじめ専門家への依頼を決めた方も、
自力での手続きを考えている方も、
ぜひ目を通していただければと思います。

Q1 最近、相続法が改正されたと聞きましたが、何がどう変わったんですか？

A 相続法は2018年、2021年に改正され、社会の変化に沿った内容にアップデートされました。

相続法は2018年、2021年に改正されました。前回の大改正が1980年でしたから、約40年ぶりの大きな改正でした。

より社会の高齢化に対応できるような内容に変更されています。

詳しくはここまでの各章で解説していますので、該当ページを参照してください。

2018年の改正

・配偶者居住権、配偶者短期居住権の創設（243ページ）
・婚姻期間が20年以上の夫婦間における居住用不動産の贈与等に関する優遇措置（247ページ）

- 遺産分割前の預貯金の払戻し制度の創設（249ページ）
- 預貯金に関する仮分割の仮処分の要件の緩和（250ページ）
- 自筆証書遺言の方式の緩和（254ページ）
- 自筆証書遺言書保管制度の創設（254ページ）
- 遺留分減殺請求権《いりゅうぶんげんさいせいきゅうけん》の金銭債権化（遺留分侵害額請求への変更）（112ページ）
- 特別寄与料の制度の創設（26ページ）

2021年の改正

- 相続土地国庫帰属制度の創設（228ページ）
- 所有不動産記録証明制度の創設（144ページ）
- 相続財産管理人から相続財産清算人への名称変更（79ページ）
- 相続放棄後の遺産の管理義務（268ページ）
- 10年経過後の遺産分割のルール変更（110ページ）
- 不動産登記法：相続登記の義務化（127ページ）

Q2 不動産を受け継ぎたくなくて相続放棄したのですが、「空き家の管理が必要だ」と言われました。本当ですか？

A

以前は空き家でも管理義務がありましたが、現在は管理義務はありません。

受け継ぎたくない不動産がある場合、相続放棄をすることでその不動産の相続を免れることができます。

相続放棄をした結果、後順位の相続人が相続すれば、その人が遺産である不動産を管理することになります。

では、もし後順位の相続人がいない場合や、相続人全員が相続放棄した場合はどうなるのでしょうか？

相続人がひとりもいない状態になるので、遺産は最終的に国庫へ帰属します。しかし、それには家庭裁判所に「相続財産清算人」の選任申し立てを行うことが必要で、費用がかかります（952条）。

遺産があれば遺産から出しますが、遺産が十分でない場合は、申立人が予納金《よのうきん》（相続財産清算人の報酬となるお金）を自腹で納付しなければなりません。

そのため、誰も相続財産清算人の選任申し立てをしないまま不動産が放置される事態となってしまいます。

その場合の不動産（特に空き家）を誰が管理するのか、管理責任が問題となります。

以前は、相続放棄をしても、不動産を相続した後順位の相続人または相続財産管理人が財産の管理を始めるまでの間、相続放棄者がその不動産を管理しなければならないとされていました。

しかし、これではせっかく相続放棄をしても、相続による不利益を回避できたことになりません。

また逆に、相続放棄者がまったく管理しなくていいとすると、その不動産は管理不全の状態に陥ってしまうリスクがあります。

そこで、2021年の民法改正により、2023年4月1日から、相続放棄者による財産の管理義務に関するルールが変更されました。

その不動産を管理しなければならないのは、相続放棄をした者のうち、放棄時に財産を現に占有していた者に限られることとなり、義務の内容も、保存義務（財産を滅失させ、または損傷する行為をしないこと）に留まることが明確となりました（940条1項）。

これによって、**現在住んでいない家（空き家）の場合、相続放棄すれば管理義務はない**、ということになりました。

なお、相続財産清算人は、以前は相続財産管理人という名称でしたが、2021年の民法改正によって名称変更されました。

現在では相続財産管理人という呼び方は単に遺産の保存をする場合の名称として使われています（897条の2）。

法律の改正で、相続放棄をした相続人は空き家の管理義務から解放されました。

Q3

母親が亡くなり実家が空き家に。遺産分割協議中に固定資産税の請求がきてしまいました。誰が払うのかでもめています……。

A……分割が完了していない場合、遺産から支出します。

遺産分割手続が未了の場合、遺産である不動産は相続人全員の共有となります（遺産共有）。しかし、遺産分割手続が進まず、不動産の処分もできていない場合でも、当該不動産の固定資産税や火災保険料、電気・ガス・水道の料金、マンション管理費、屋根の修理費など、不動産に関するさまざまな費用が発生します。

これらをまとめて「**相続財産の管理費用**」と呼び、誰がどのように負担するかが問題となります。

相続財産の管理費用は、遺産の中から支出するとされています（885条）。具体的には、**相続人**

の1人がひとまず管理費用を支払い、遺産分割手続きで清算する、という流れが一般的です。
そのため、遺産分割の結果、相続人の1人が不動産を取得したとしても、それまでに発生した相続財産の管理費用は、原則として各相続人が相続分に応じて負担します。

逆に、賃貸マンションなどの収益物件の場合、本来は、遺産分割までに発生した賃料収入は各相続人が相続分に応じて受け取りますが、遺産分割までの賃料収入を不動産の取得者がすべて受け取る代わりに、当該不動産に関する管理費用全額を負担する、とするケースもあります。

Q4 先祖代々のお墓や仏壇なども、遺産として分割しなければなりませんか？

A……祭祀承継者に引き継がれます。

お墓や仏壇、位牌《いはい》、家系図などの祭祀財産は、遺産分割の対象でなく、祭祀《さいし》承継者に引き継がれ

ます（897条）。

遺骨についても、祭祀財産に準ずるものとして、祭祀承継者に帰属するとされています。

祭祀承継者は、次の順で決まります。

①被相続人の指定
②慣習
③家庭裁判所の審判

ただし、**相続人全員が合意すれば遺産分割手続で祭祀承継者を指定することも可能です。**

祭祀承継者とされた者は、権利を放棄したり、辞退したりすることはできませんが、承継しても祭祀を行う義務が課されるわけではありません。

また、祭祀承継者が祭祀を承継することを理由に、優先的に遺産を取得することを主張するケースがあります。

その主張に法的な根拠は認められませんが、相続人全員が同意すれば、お墓の維持費用などを考慮した形で分割するのもいいでしょう。

Q5

遺言書に「長女にすべてを相続させる。次女には一切財産を相続させない」と書いたらダメですか？

A

遺言書に書くのは自由です。

遺言の内容が一部の相続人の遺留分を侵害していることは遺言の効力に影響を与えません。

そのため**「特定の相続人に遺産全部を相続させる」という内容の遺言は有効です。**

しかし、**遺留分を侵害された相続人が、受贈者《じゅぞうしゃ》（贈与を受けた人）や受遺者（遺言によって財産を受け取った人）に対して、遺留分侵害額請求をする可能性はあります**（１０４６条）。

そこで「最低限、遺留分に相当する財産を相続させる」という内容の遺言にするなど、相続人同士の間でトラブルが起こらないよう配慮するのが一般的です。

どうしても遺留分侵害が生じる遺言を作成したい事情がある場合は、**遺言書の「付言事項」を活用します。**

付言事項に法的効力はありませんが、なぜこのような遺言を作成したのか遺言者の考え方を説明し、**遺留分侵害額請求をしないように伝える**ことはできます。

相続分を減らされる人がそれで納得してくれればいいのですが、遺留分侵害額請求をする意思があれば、止めることはできません。

トラブルを避けるためには、**事前に遺留分を放棄するようお願いする対価として**（遺留分は**事前に放棄できます。**１０４９条１項）、被相続

人の財産の一部を生前贈与することを提案するといった方法も考えられます。

Q6 最近よく聞く「家族信託」とは、どういうことですか？

A……財産の管理や処分を家族に任せるしくみです。

家族信託とは、家族の財産の管理・処分や遺産の承継のために信託を使用することを指します。**委託者の財産を受託者に移転させ、委託者の設定した目的に沿って、受託者が受益者（委託者）のために、財産の管理・処分を行います。**

家族信託の例としては、例えば、高齢者の財産保護を目的とする次のような例があります。

例：収益物件を所有している父親が、認知症となって物件の管理ができなくなる、詐欺被害に遭う、などの将来起こりうることに備えて、娘に収益物件を信託財産として信託を設定する。娘は収

家族信託と後見制度の主な違い

	家族信託	法定後見制度、任意後見制度
開始時期	本人の判断能力が十分なときから開始できる	本人の判断能力が不十分となったときに開始される
身上監護《しんじょうかんご》（施設入所契約、医療契約など）	不可（財産管理の制度のため）	可能
対象財産	本人が選択した財産	本人の全財産
受託者・後見人の裁量	広い（リフォームなど積極的な判断も可能）	狭い（財産維持が原則）
受託者・後見人などの報酬	無償が原則	家庭裁判所が専門職を選任した場合は報酬を請求される
受託者・後見人の監督方法	本人が決定する	家庭裁判所の監督に服する

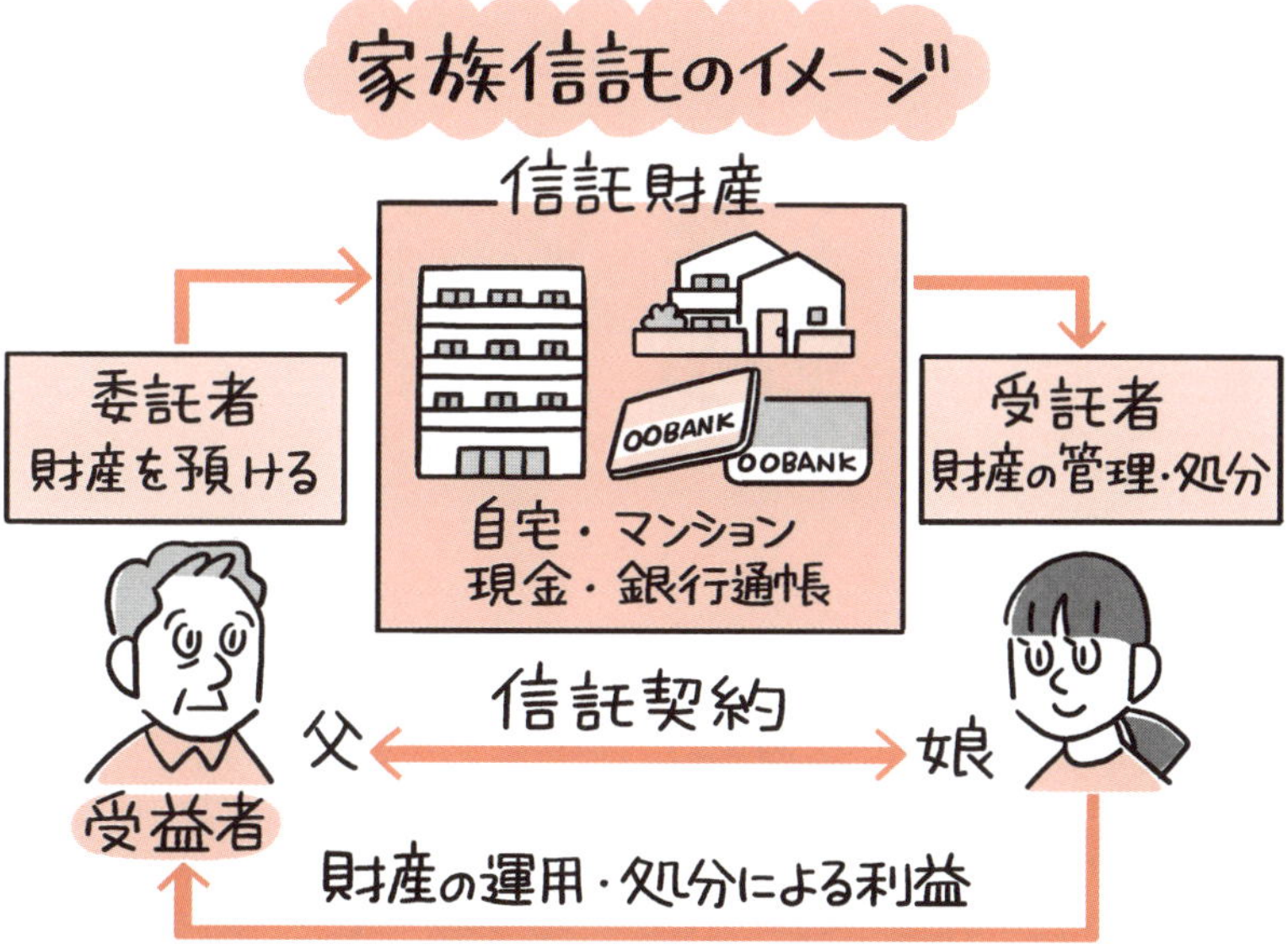

益物件を管理して、賃料から必要に応じてリフォームなど収益確保のための投資費用や父親の生活費などを支払う。

家族の財産を管理する制度は、家族信託の他に法定後見制度や任意後見制度があります。家族信託とこれらの後見制度の主な違いは、前ページの表のとおりです。

Q7 兄は身体の弱った親を虐待し、姉は遺言書を捨ててしまいました。こんな人間でも遺産がもらえるのですか？

A……相続欠格・廃除になれば、もらえません。

相続欠格とは

遺言書を捨てた姉は「相続欠格者」に当たります。

相続人になる資格のある者でも、**相続制度の基盤を破壊する行為をした者は、法律上当然に相続権をはく奪されます。**

これを**相続欠格**といい、相続欠格となる事実を**欠格事由**《けっかくじゆう》といいます（891条）。

欠格事由は、次の5つです。

①故意に被相続人や先順位または同順位の相続人を殺害して、または殺害しようとして、刑に処される

②被相続人が殺害されたことを知りながら告発や告訴をしなかった。ただし、殺害者が自分の配偶者または直系血族であるときは除外

③被相続人が、相続に関する遺言をしようとしたり、遺言の撤回や取り消し、変更しようとしているときに、詐欺や強迫によって妨害する

④詐欺や強迫によって、被相続人に、相続に関する遺言をさせたり、撤回や取り消し、変更をさせる

⑤相続に関する被相続人の遺言書を、偽造、変造、破棄、隠匿《いんとく》**する**

遺言書を捨てた相続人は自動的に相続権がはく奪され、相続欠格者となります。

ただし、相続欠格者に子などの直系卑属《ちょっけいひぞく》がいれば、その人が代襲相続します（887条2項・3項、889条2項）。

もし相続人の1人が遺言書を捨てた結果、相続権がはく奪されても、その人に子がいれば、他の相続人の相続分が増えるわけではありません。

廃除とは

親を虐待していた兄は「廃除」される可能性があります。

被相続人の意思によって推定相続人の相続権を奪う制度が、廃除です（892条、893条）。ただし、廃除の対象者は遺留分を有する相続人に限られます。

被相続人の兄弟姉妹など、遺留分がない相続人であれば、廃除せずとも遺言で遺産を渡さないようにできるからです。

廃除をするにあたっては、次のような理由が必要です。

①被相続人を虐待する（暴力、耐えがたい精神的苦痛を与える）
②被相続人に重大な侮辱を加える（名誉や感情を著しく害する）
③その他の著しい非行（犯罪、被相続人の財産の浪費など）

廃除の方法は、2通りあります。

・生前廃除……被相続人が家庭裁判所に申し立てる方法
・遺言廃除……被相続人が廃除するとの遺言をし、遺言執行者が家庭裁判所に申し立てる方法

廃除を認めるかどうかは家庭裁判所が判断するため、申し立てをしても廃除が認められない可能性はあります。

また、**廃除が認められても、相続欠格と同じく代襲相続が発生する可能性はあります**（887条2項・3項、889条2項）。

Q 8

姉から「相続分を放棄して」と言われました。これは相続放棄のことですか？

A

……

「相続放棄」と「相続分の放棄」は別物です。

相続放棄とは

はじめから相続人でないことになります（939条）。

相続放棄をするには、家庭裁判所での手続きが必要です（938条）。

相続放棄をすると、プラスの財産もマイナスの財産も何も受け継ぎません。債権者からの請求も拒否できます。

放棄した相続分は他の相続人に分けられます。

相続分の放棄とは

相続分の放棄とは、自分の相続分を放棄することです。

放棄された相続分は、他の相続人に相続割合に応じて分配されます（したがって、他の相続人の相続分の変動が相続放棄と異なるケースが生じます）。決まった方式や熟慮期間のような期間制限はありません。

相続放棄と違うのは、**家庭裁判所での申述が不要**なことと、**相続人の地位が維持されたまま**であることです。

家庭裁判所での申述は不要ですが、後々トラブルになるのを防ぐためや、**不動産の名義変更手続き、預貯金の解約手続きなどに使用するため、相続分放棄証書を作成しておくべきです。**

また**被相続人の債務を承継している**ので、債権者から請求されると自分の法定相続分に相当する部分を負担しなければなりません（負担額を他の相続人に請求できません）。

【参考】相続分の譲渡について

自分の相続分を他の人に譲ります（905条1項）。

譲った相続分は、譲り受けた人だけがもらいます。

例えばA・B・Cの3人の相続分が各3分の1のとき、AさんがBさんに相続分を全部譲渡すると、相続分の割合はBさんが3分の2、Cさんが3分の1となります。

負債も移転させることができます。譲渡人は債権者に負債を支払った場合、譲受人に請求できます。

なお、譲る相手は相続人に限られず、内縁の配偶者など第三者でも構いません（しかし、第三者に譲渡するケースはあまりないようです)。

決まった方式や熟慮期間のような期間制限がないのは相続分の放棄と同じで、相続分譲渡証書を作成すべきなのも相続分の放棄と同様です。

Q9 遺産分割協議がまだ終わらないのに相続税の申告期限が近づいてしまいました。どうしたらいいでしょうか?

A …… ひとまず法定相続分に基づいて申告・納税をします。

相続税は適切な申告を行わずに期限を過ぎてしまうと、無申告加算税や延滞税が課されたり、有利な控除や特例を受けられなくなったりしてしまいます。

もしも、遺産分割手続が完了していないまま相続税の申告期限が迫ってきた場合は、**「申告期限後3年以内の分割見込書」を添付したうえで、ひとまず法定相続分に基づいて申告・納税します。**

この場合、遺産を受け取っていないのに相続税を納付することになります。

相続税の納税は現金一括が原則ですが、税額が10万円を超え、現金で納付することが困難な場合は、**延納**（年払い）ができます。

ただし、**延納期間中は利子税が発生します。**また、延納税額が100万円を超える、または延納期間が3年を超える場合は担保を提供する必要があります。

延納も困難な場合は、**物納**（現金ではない遺産による納付）をすることもできますが、物納は**条件があるうえ、税務署長の許可が必要です。**

相続税申告方法の詳細は、国税庁のホームページに掲載されていますが、自分で申告できる自信のないときは、相続に強い弁護士や税理士などの専門家に相談することをおすすめします。

おわりに

時間が経つほど事態は悪化！　専門家への相談はお早めに！

やらなければならないとわかっていても、いろいろめんどくさくて、つい後回しに……。

他の相続人と意見が異なっていて、話し合うのが恐い……。

ルールが難しくて、進め方がわからない……。

専門家への相談は緊張するので敬遠してしまう……。

そんな理由で相続手続を先延ばししてしまう、というケースは珍しくありません。

しかし、**何もせず相続手続を先延ばしすることは、現状維持ではなく手遅れになるリスクのある、事態の悪化につながる行為なのです。**

相続手続にはさまざまな期限があり、期限を守れないと不利益を被って取り返しがつかなくなることがあります。

役所で保管されている介護保険関係資料の一部などのように、保存期間が短く一定時間が経つと入手できなくなる資料もあり、時間が経つほど資料集めに苦労するおそれが出てきます。

ぜひ、手遅れにならないうちに、専門家へ相談してください。

また、「父の遺産相続のときは納得できていなかったが、母の遺産相続で調整すればいいかと思って、とりあえずハンコを押した。でも母の遺産相続でも相手方の態度に納得できないので、父の遺産相続についてもなんとかなりませんか？」といった相談を受けることがあります。

納得いかなかったとしても、自ら実印を押してしまっている以上、すでに成立した合意をなかったことにするのは困難です。

「相手に言われるまま、事情もわからず、実印や印鑑登録証明書、住民票などを渡したら、勝手に相続手続をされてしまった」という相談もあります。

内容を知らされないまま勝手に使用されたのであれば、当該手続が無効になると考えることができますが、「内容を知らされないまま勝手に使用された」という事実を証明するのが難しいかもしれません。

納得できていないことをそのままにして「とりあえず」ハンコを押す、という選択肢は採るべきではありません。内容が理解できないまま、実印や印鑑登録証明書など重要なものを相手に渡すべきではありません。

「とりあえず」で相手の言いなりになるのでなく、専門家に相談して、現状をちゃんと理解して「どうしたいのか」をはっきり決めてから動きましょう。

専門家の先生は恐い……。

とにかく緊張してしまう……。

「こんなこともわからないのか」とバカにされたら嫌だ……。

「なんでこんなことをしたんだ」と叱られるんじゃないか……。

インターネットで簡単に専門家を探せる時代になっても、「専門家に相談するのはハードルが高い」という声は依然として多いようです。

しかし、**手続きやルールを知らない方こそ専門家への相談が必要でしょう**。

自分で相続登記や相続税申告ができない、書類作成を間違うのが怖い、または不公平な遺産分割手続をしたくない、という思いがあるならば、その思いを抱えて迷っている時間が無駄です。

どうか勇気を出して、相談していただきたいと思います。

もちろん、一度相談をして「この人とは合わない」と思ったら、他の専門家を探して構いません。できる専門家ほど、一般の方の「わからない」に寄り添うものです。

私は依頼者の勘違いやミスを責めません（逆に「そういうこともあるのか」とこっそり学ばせていただくこともあります）。

本書でお伝えしたように、弁護士は依頼人の利益を最大限にするために精一杯の努力をします。

どうか、かしこく頼って「あんしん相続」を迎えていただければと思います。

古山隼也

■主な参考文献：
潮見佳男「詳解　相続法　第２版」弘文堂・2022 年
片岡武ほか「第4版　家庭裁判所における遺産分割・遺留分の実務」日本加除出版・2021 年

古山隼也

（こやま・しゅんや）

古山綜合法律事務所　代表弁護士（大阪弁護士会所属）。

1980年2月2日生まれ。大阪府枚方市出身。大阪市立大学（現・大阪公立大学）法学部卒業。大学在学中は約70名が所属する混声合唱団の部長を務める。もともと弁護士を目指していたが、地域に貢献できると考え、公務員に進路を変更した。

2002年、大阪市役所入庁。西淀川区役所・介護保険係に配属。のち、大阪市政改革プロジェクトチームに参加。公務員としての業務の傍ら、神戸大学大学院法学研究科へ入学して、主に高齢者法を研究する。大阪市政改革プロジェクトの成功実績が認められ、総務局人事担当へ異動し本庁勤務となる。しかし、目の前にいる人の力になれる弁護士への憧れを捨てきれず4年で退職。京都大学大学院法学研究科法曹養成専攻に入学。

2011年、31歳で司法試験に合格。大阪市内弁護士法人、京都市内法律事務所勤務を経て、「生活を支える法律事務所はもっと身近な場所にあるべき」との思いから、2017年、古山綜合法律事務所を出身地の枚方市内に設立する。

元大阪市職員という経歴もあり、依頼者へのアンケートでは「説明がわかりやすい」こと、「人柄」への評価が高い。事件処理方針は、「価値観は人それぞれ。だから、解決方法も人それぞれ。最良の解決を目指して、ご依頼者さまと一緒に考えていきます」。獲得判決は専門誌に掲載されているものもある。

著書：『弁護士の顔が見える 中小企業法律相談ガイド』（共著・大阪弁護士協同組合編／第一法規／ 2019年）

古山綜合法律事務所ホームページ

https://koyama-law.com/

【資料】遺産分割タイムスケジュール

第1章で紹介した、相続が発生してからの主な手続きの中から、「被相続人の死後の手続き」を除いた、相続人が行う手続きを時系列順にまとめました。専門家に相談・依頼する場合も、このスケジュール感から逆算して行動することをおすすめします。

相続の開始（＝被相続人が死亡）

備考（チェック、日付等）

期限	手続き	備考
	遺言書の有無を確認（132ページ）	
	遺言書がある → 遺言書の検認（135ページ） 遺言書がない → 相続人の確定へ	
	相続人の確定（137ページ）	
	遺産の調査・評価（143ページ）	
	遺産目録を作る（149ページ）	
3か月以内	相続放棄（限定承認）の申述（94 ページ）	
4か月以内	準確定申告（117 ページ）	
6か月以内	特別寄与料の請求（104 ページ）	
6～8か月以内が目安	遺産分割協議（158ページ）	
	遺産分割協議書の作成（160ページ）	
10か月以内が目安	相続税の申告・納付（120 ページ）	
(原則)1年以内	遺留分侵害額請求（112 ページ）	
3年以内	相続登記（127 ページ）	
	相続税の修正申告（284ページ）	
5年10か月以内	相続税の更正の請求	

【資料】相続人チェックシート

被相続人を基準に、相続人の範囲が確認できるチャートを用意しました。次ページからは、実際の人名を記入し、およその相続額も計算できます。相続人の一部に所在や居所不明がある場合、また相続遺産額が確実に基礎控除額を超えるという場合には、専門家への早めの相談をおすすめします。

・配偶者がいる場合

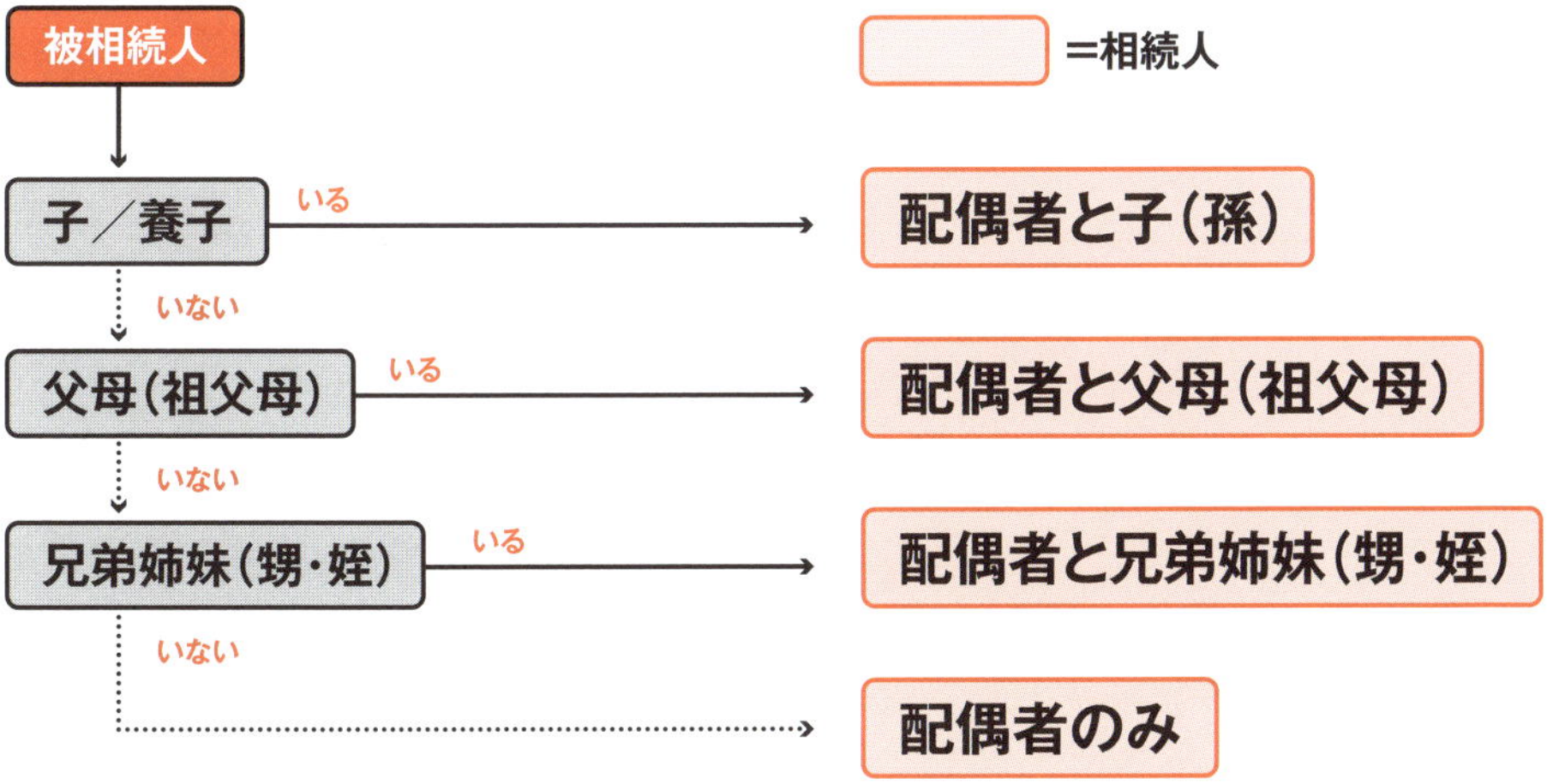

・配偶者がいない場合

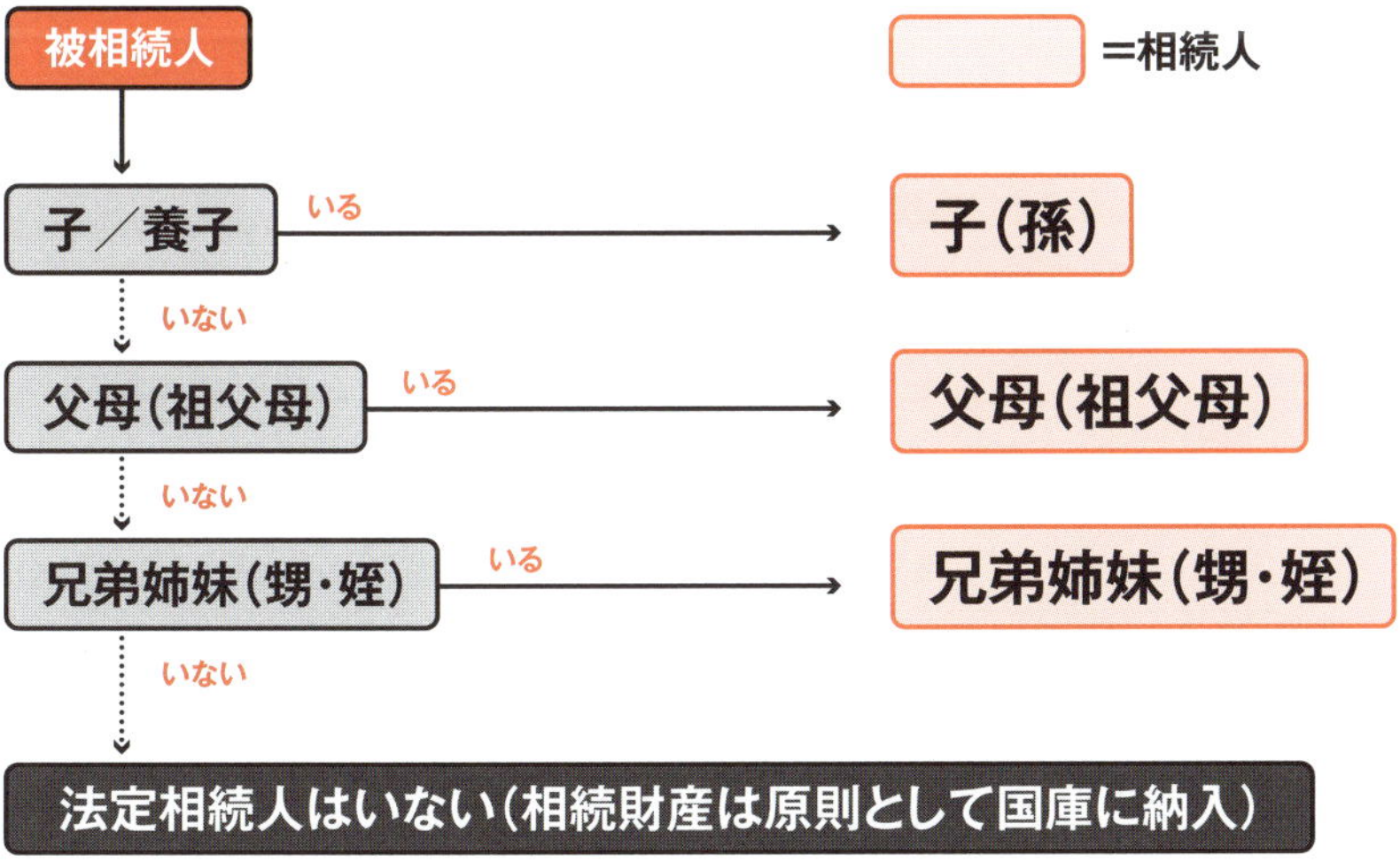

【資料】相続人チェックシート（つづき）

※［　　　］内に具体的な人名を入れて、各人のおよその相続額が確認できます。

❶ 配偶者と子（孫）が相続人になるケース

［被相続人：　　　］ ―― ［配偶者：　　　］

遺産総額

¥　　　万円

法定相続分（遺産総額の1／2）

¥　　　万円

［子1：　　　］［子2：　　　］［子3：　　　］［子4：　　　］

法定相続分（遺産総額の1／2を人数で均等分割）

¥　　　万円

※子が死亡して孫がいる場合は孫が相続する

❷ 子（孫）がなく、配偶者と父母（祖父母）が相続人になるケース

［父：　　　］ ―― ［母：　　　］

法定相続分（遺産総額の1／3を人数で均等分割）

¥　　　万円

※父母が死亡して祖父母がいる場合は祖父母が相続する

［被相続人：　　　］ ―― ［配偶者：　　　］

遺産総額

¥　　　万円

法定相続分（遺産の2／3）

¥　　　万円

❸ 子（孫）・父母（祖父母）が共になく、配偶者と兄弟姉妹（甥・姪）が相続人になるケース

［父（没）］ ―― ［母（没）］

［被相続人：　　　］ ―― ［配偶者：　　　］

遺産総額

¥　　　万円

法定相続分（遺産総額の3／4）

¥　　　万円

［兄弟姉妹：　　　］［兄弟姉妹：　　　］［兄弟姉妹：　　　］［兄弟姉妹：　　　］

法定相続分（遺産の1／4を人数で均等分割） 兄弟姉妹（甥・姪）

¥　　　万円

※兄弟姉妹が死亡して、その子（甥・姪）がいる場合は甥・姪が相続する

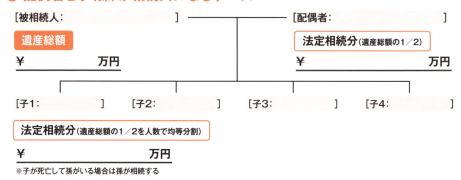

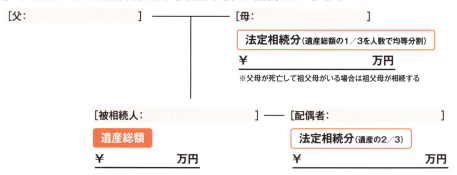

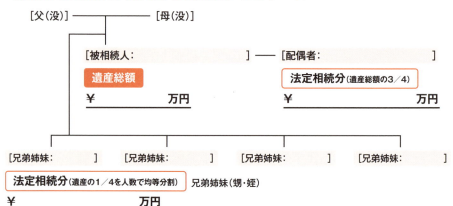

※[　　　　] 内に具体的な人名を入れて、各人のおよその相続額が確認できます。

❹ 配偶者がなく、子（孫）が相続人になるケース

[被相続人：　　　　　　　　　]

遺産総額

¥　　　　　　　万円

[子1：　　　　　] [子2：　　　　　] [子3：　　　　　] [子4：　　　　　]

法定相続分（遺産の総額を人数で均等分割）

¥　　　　　　　　　万円

※子が死亡して孫がいる場合は孫が相続する

❺ 配偶者・子（孫）がなく、父母（祖父母）が相続人になるケース

[父：　　　　　　　　　] [母：　　　　　　　　　]

法定相続分（遺産の総額を人数で均等分割）

¥　　　　　　　　　万円

※父母が死亡して祖父母がいる場合は祖父母が相続する

[被相続人：　　　　　　　　　]

遺産総額

¥　　　　　　　万円

❻ 配偶者・子（孫）・父母（祖父母）がなく、兄弟姉妹（甥・姪）が相続人になるケース

[被相続人：　　　　　　　　　]

遺産総額

¥　　　　　　　万円

[兄弟姉妹：　　　　] [兄弟姉妹：　　　　] [兄弟姉妹：　　　　] [兄弟姉妹：　　　　]

法定相続分（遺産の総額を人数で均等分割）　兄弟姉妹（甥・姪）

¥　　　　　　　　　万円

※兄弟姉妹が死亡して、その子（甥・姪）がいる場合は甥・姪が相続する

※父母の異なる（義理の）兄弟姉妹がいる場合、法定相続分の算出の仕方は変わります

※甥・姪が死亡している場合、その子への代襲相続はありません

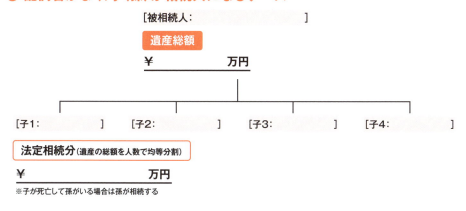

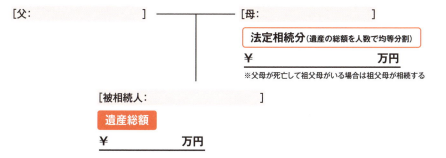

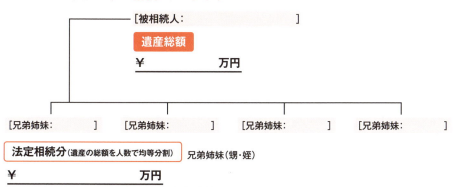

【資料】遺産調査チェックシート

被相続人の遺産内容の確認・整理はもちろん、あなた自身が家族・親族に遺産を残すという場合も、一度書き出して整理することをおすすめします。

※本ページは適切な大きさに拡大コピーなどのうえでご使用ください。直接記入いただいてももちろん大丈夫です。

・預貯金

番号	金融機関・支店	口座種類	口座番号・記号番号	死亡時残高	現在残高	名義	備考

現在残高合計 [¥]

・国債、株式、社債（投資信託を除く）

番号	銘柄	数量（株数等）	取扱機関・口座番号	現在の評価額	備考

株式等合計 [¥]

・投資信託

番号	銘柄	数量（株数等）	取扱機関・口座番号	現在の評価額	備考

投資信託合計 [¥]

・保険契約の解約返戻金・保険金

番号	保険の種類	保険会社	証券番号	被保険者	契約者	受取金額	備考（受取人、代理店経等）

保険契約の解約返戻金・保険金合計 【¥　　　　　　　　　　】

・不動産［土地］

番号	所在	地番	地目	地積（m^2）	持分	固定資産税評価額	土地上の建物の有無	備考

・不動産［建物］

番号	所在	地番	地目	地積（m^2）	持分	固定資産税評価額	敷地占有権原	備考

不動産評価額合計 【¥　　　　　　　　　　】

※参考：裁判所「遺産分割について」ページ内「遺産目録」（Excel）
https://www.courts.go.jp/osaka/saiban/vcmsFolder_1637/vcms_1637.html
パソコン／タブレット等で表組みソフトの使用が可能な場合はこちらの参照をお勧めします

装丁・本文デザイン	──	鈴木大輔・江﨑輝海・仲條世菜 (ソウルデザイン)
装画・本文イラスト	──	福田玲子
出版プロデュース	──	吉田浩 (天才工場)
編集協力	──	高橋治 (ダブルハピネスインターナショナル)、曽田照子
校閲	──	麦秋アートセンター
製版	──	グレン

弁護士だからわかる！できる！　あんしん相続
手続きの「めんどくさい」「わからない」「ストレス」が消える！

2024年9月17日　第1刷発行

著　　者	古山隼也
発 行 人	土屋 徹
編 集 人	滝口勝弘
編集担当	酒井靖宏
発 行 所	株式会社Gakken
	〒141-8416　東京都品川区西五反田2-11-8
印 刷 所	大日本印刷株式会社

【この本に関する各種お問い合わせ先】
本の内容については、下記サイトのお問い合わせフォームよりお願いします。
https://www.corp-gakken.co.jp/contact/
在庫については　Tel 03-6431-1250 (販売部)
不良品 (落丁、乱丁) については　Tel 0570-000577
学研業務センター　〒354-0045 埼玉県入間郡三芳町上富279-1
上記以外のお問い合わせは　Tel 0570-056-710 (学研グループ総合案内)

©Shunya Koyama　2024 Printed in Japan

本書の無断転載、複製、複写 (コピー)、翻訳を禁じます。
本書を代行業者等の第三者に依頼してスキャンやデジタル化することは、たとえ個人や家庭内の利用であっても、著作権法上、認められておりません。

学研グループの書籍・雑誌についての新刊情報・詳細情報は、下記をご覧ください。
学研出版サイト　https://hon.gakken.jp/